こころのライブラリー　3

子どもたちのいま

西澤 哲　龍野陽子　大島 剛
佐藤修策　羽下大信
下田 僚　菅野泰蔵　川畑 隆

星 和 書 店

Seiwa Shoten Publishers

2-5 Kamitakaido 1-Chome
Suginamiku Tokyo 168-0074, Japan

目次

子どもたちのいま

子どもの虐待

――その現状と子どもへの心理療法的アプローチについて

西澤　哲

一九六〇年代の初頭、米国小児科学会のシンポジウムでケンプ（Kempe）が行なった「被殴打児症候群」（battered child syndrome）の報告以来、子どもの虐待に関する研究や臨床実践が精力的に取り組まれてきている。本稿は、これまでになされてきた臨床報告や研究に基づき、子どもの虐待の分類と定義、虐待の発生頻度、虐待が子どもの心理および情緒に与える影響、虐待などのトラウマを受けた子どもへの心理療法的アプローチについての整理を目的としたものである。

一、虐待の分類と定義

ケンプら(一九六二)[10]が述べた被殴打児症候群は、今日の分類では身体的虐待(physical abuse)にあたる。その後、ネグレクト(neglect, 養育の拒否および放棄)、性的虐待(sexual abuse)、そして情緒的虐待(emotional abuse)が虐待の類型として付け加えられた。これら四つの類型の定義には若干異なったものがいくつかあるが、ここでは大阪府児童虐待対策検討会議(以下、大阪府検討会議とする)の定義を参考に、それぞれについて見ていくことにする。[注1]

1. 身体的虐待

身体的虐待とは、大阪府検討会議の定義に見られるように、親またはそれに代わる養育者が、意図的もしくは非偶発的に子どもに身体的な傷を負わせるものをいう。子どもが身体的な傷を負った場合、養育者は子どもを医療機関につれてゆく。その際に、養育者による受傷

大阪府児童虐待対策検討会議による定義（1990）

a．身体的暴行による虐待

親又は親に代わる養育者によって加えられた虐待行為の結果，小児に損傷が生じた状態で，以下の要件を満たすもの。

虐待行為が①非偶発的であること（事故でないこと）。②反復的・継続的であること。③単なるしつけ，体罰の程度を越えていること。

b．養育の放棄・拒否のよる虐待

養育者による児童の健康と発育・発達に必要な保護，最低限の衣食住の世話，情緒的・医療的ケア等が不足又は欠落したために，児童に栄養不良，体重増加不良，低身長，発達障害（運動・精神・情緒）等の症状が生じた状態で，以下のいずれかによるもの。①養育の放棄・拒否。②養育の無知（養育者に育児知識または能力がない）。

c．性的暴行による虐待

養育者により，児童が性的暴行または性的いたずらを受けたもの。

d．心理的虐待

養育者により加えられた行為により，極端な心理的外傷を受け，児童に不安・おびえ，うつ状態，凍りつくような無感動や無反応，強い攻撃性，習慣異常等の日常生活に支障をきたす精神症状が生じた状態で，以下の要件を満たすもの。(1)①身体的暴行による虐待，②養育の放棄・拒否による虐待，③性的暴行による虐待を含まない。(2)児童の行動と養育者の行動との関連が確証できる虐待。

の経過説明が、身体的損傷の状況に合致しない場合、身体的虐待が疑われる。また、身体的虐待は反復もしくは継続して生じることが多い。そのため、子どもの身体には、さまざまな治癒段階にある複数の傷や痣が見られることが多い。

大阪府検討会議の定義では「単なるしつけ、体罰の程度を越えていること」としているが、欧米の定義ではこうした要件は見られない（Daro, 1988）[4]。というのは、子どもに身体的な傷を負わせること自体が、すでにしつけの範囲を越えていると考えられているからであり、また、体罰そのものが身体的虐待であるとされているためである。

2. ネグレクト

ネグレクトとは、子どもの健康や成長、発達にとって必要な種々のケアを、養育者が子どもに提供しないことを指す。大阪府検討会議はこれを積極的なネグレクト（養育者が何らかの理由で子どもの存在を拒否するなど）と結果的なネグレクト（養育者が、例えば知的障害などのために、育児に必要な知識を持っておらず、その結果として生じるもの）に分けている。そのほかにも、教育のネグレクトや医療のネグレクト（Miller, 1982）[12]、非行行動の奨励（Giovannoni et al, 1979)[7] などをネグレクトのサブカテゴリーとする場合もある。

虐待の四分類の中で、ネグレクトはいくつかの点で他の三つと異なったものであるとする報告がある。ダロ（Daro, 1988)[4] は、身体的虐待は性的虐待や心理的虐待と合併して見られることがあるのに対し、このネグレクトは他の形態の虐待と合併することが少ないことから、ネグレクトの発生メカニズムは他の形態の虐待とかなり異なったものではないかと推論している。また、ネグレクトは他の虐待と異なって、貧困や地域社会における孤立などの要因と直接的な関係にあるという指摘も見られる（Boehm, 1964 ; Polansky, et al., 1974, 1979)[3、16、17]。

3. 性的虐待

虐待に関するわが国の定義の中で最も不十分だと思われるのが、この性的虐待の定義である。一九八三年に実施された厚生省委託調査研究では、性的虐待を性交そのものがあった場合のみに限定しているような感がある。また、大阪府検討会議の場合も、「性的いたずら」が何を指すのか不明瞭である（この性的いたずらという言葉自体にも問題があるといえよう。「いたずら」という言葉は、性的行為が持つ子どもへの影響の深刻さを過小に評価するものであると考えられる)。こうした定義上の問題と、従来からの「欧米とは違って、わが国では性的虐待が非常に少ない」という議論とは、あながち無関係なものではないと考えられる。

欧米では、大人と子どもの年齢差に関する定義や性的接触の具体的な定義(Finkelhor, 1984)[5]、性的行為に対する子どもの同意能力を考慮に入れたもの(Schecter & Roberge, 1976)[18]、性的行為を行なう大人の動機に言及したもの(Baker & Duncan, 1985)[2]など、かなり具体的な定義が試みられている。性的虐待が子どもの行動や情緒、もしくは性格形成におよぼす影響の深刻さを考えるならば、こうした具体的で詳細な定義を行なうことで、性的虐待に対する認識を深める必要があろう。

4. 心理的虐待

四つの類型の中で心理的虐待の定義が最も困難であるとされている。大阪府検討会議の定義も、消去法的なものとなっている。

心理的虐待の具体的な例としては、母親が「おまえみたいな子どもを産むんじゃなかった」とか「おまえは欲しくてできた子じゃない」といった言葉を子どもに対して発しつづけたり、兄弟の中である特定の子どもに対して否定的な態度をとりつづけるといったようなものがある。

二、虐待の発生頻度について

わが国には、英国の虐待ケースの登録制度や、米国の虐待に関する報告義務法などの制度が存在しない。そのため、虐待の発生頻度に関する包括的なデータは得られておらず、断片的なデータをもとに類推するしかない。

虐待ケースに対応する公的な機関のひとつに児童相談所があるが、この児童相談所が年間にどれくらいの虐待ケースを新規に受けているのかという調査が一九八八年に行なわれている（全国児童相談所長会、一九八九）[22]。この調査では、同年四月からの半年間で、全国一六七カ所の児童相談所が合計一〇三九件の虐待ケースを新規に受理している（身体的暴行五三・六％、棄児・置去り二二・〇％、保護の怠慢三七・六％、性的暴行四・六％、心理的虐待二・七％、登校禁止二・七％）。これを単純に二倍すれば、年間約二〇〇〇件という数字になる。[注2] これはあくまでも児童相談所に関するデータであって、わが国の虐待の全体像を示すものではない。大阪児童虐待調査研究会の調査では、一九八三年からの五年間で大阪府下の各機関が取り扱った虐待ケースのうち、児童相談所が関わったのは全体の約四〇％であったという結果がでている（大阪児童虐待調査研究会、一九八九）[15]。

このように、わが国には信頼できる包括的なデータが決定的に不足しているといった現状にある。虐待への対応を考える上では、実態を反映したデータの収集が危急の課題であるといえよう。

三、虐待のおよぼす心理・情緒的影響

自分が最も安心できる場所であるはずの家庭において、自分を最も愛してくれるはずの親という存在から、何らかの形の暴力を受けるという虐待という現象は、子どもの心に非常に深刻なトラウマを残すことは言うまでもない。こうした心の傷は、子どもの行動や情緒、性格などにさまざまな影響を与えることになる。ここでは、虐待というトラウマによる心理的

な影響について検討していく。

1. 対人関係の障害

親子関係とは、子どもにとって基本的信頼感の形成の場であるといえよう。したがって、この親子関係で生じる虐待という暴力は、自分を取りまく環境や世界、もしくは人間一般に対する強い不信感を子どもに植え付けてしまうことになる。虐待を経験した子どもが示す人間関係上の特徴として、無差別的愛着傾向と虐待的な人間関係の再現傾向とがあげられる（西澤、一九九四[13]）。

a. 無差別的愛着傾向と極端なディタッチメント

虐待を受けてきた子どもには、初めて出会った大人に対して誰彼なくベタベタと愛着を示すという傾向が観察され、これを無差別的愛着傾向という（Martin & Beezley, 1977[11]）。そして、彼らが示す愛着の程度は、外見から推測されるほど強いものではなく、子どもが、その大人が自分に欲求不満を感じさせる存在であるという認知を少しでも持つと、子どもはその大人への愛着を容易に放棄し、大人から急速に距離を取ることになる（極端なディタッチメント）。このように、虐待を受けた子どもの対人関係は非常に不安定で、極端な変化を示すことが多い。

虐待を受けた子どもが、人間関係においてこうした特徴を示すのにはいくつかのメカニズムが考えられるが、その中心には対象関係の発達の阻害が存在するものと思われる。愛情と攻撃が混在するような虐待的な人間関係の中で成長した子どもは、「良い存在」である養育者と「悪い存在」である養育者を統合することが困難となる。その結果、統合された多面的な対象イメージの内在化が阻まれてしまい、対象が自分にとって有用である場合のみ関係を持つといった部分的対象関係の段階にとどまることとなるものと考えられる。このように、子どもの無差別的な愛着傾向の背後には、対象関係上の問題が考えられるわけである。

b．虐待関係の再現傾向

虐待環境で育った子どもは、新たに関わるようになった大人を〈虐待―被虐待〉という人間関係に引きずりこむ傾向があり、これを「虐待関係の再現傾向」という。つまり、子どもは大人を挑発し、大人からの攻撃を誘おうとするかのような無意識的な傾向を示し、一方で、その子どもに関わる大人は、自然な感情の流れに従って子どもの関わりに応じていくうちに、子どもに対して拒否的な、ともすれば攻撃的な感情を持つようになることが多いのである。このような、苦痛に満ちた虐待的な人間関係を子ども自らが引き起こしてしまうのには、対人関係パターンの反復傾向や、転移―逆転移関係の成立といったファクターの関与が考えられるが、特に治療的に見て重要なもののひとつに、繰り返し、もしくは再現によるトラウマの治癒といった機制が考えられる。後述するように、人がトラウマを受けた場合、そのトラウマとなった出来事をいろいろな形で繰り返し再現することによって、心にできた傷を癒そうとする。こうした「繰り返し体験することによる治癒」を求める傾向は、例えばショックだった出来事を何度も頭の中で繰り返したり、子どもの場合にはプレイセラピーのテーマとして繰り返し出現したりといったように、さまざまな形態で観察される。そうした傾向が、具体的に人間関係に表れた場合、虐待関係の再現傾向として表れるのではないかと考えられるのである。しかしながら、トラウマの治癒を求めたこうした無意識の努力は、治療的に適切な介入がなされないならば、決してうまく機能することはないといえる。というのは、過去のトラウマを癒そうとして繰り返される虐待的な人間関係が、子どもの心に新たな傷を与えるといった悪循環に陥ることになるからである。

2. 自己評価の低下

虐待を経験してきた子どもは、その自己評価が極端に低下した状態にあることが多い。これには、虐待行為にともなって与えられる親からのメッセージと、子どもの「自己中心的認知傾向」とが関与していると考えられる。

親は子どもに暴力を加えながら、「おまえが悪い子だから叩かれるんだ」「いくら言ってもわからないからこうしているんだ」といった言葉を口にすることが多い。子どもにとって親は絶対的な存在であり、その親からの「悪い子」だ、「どうしようもない子」だというメッセージは、子どもの心に深く刻み込まれることになる。また、世界の中で最も自分を愛してくれているはずの親が自分を拒否したり攻撃をくわえるといった事実自体が、「誰も自分を愛してくれない、自分は愛される価値のない人間なのだ」という認知を子どもに持たせることになり、自己評価を大きく損なうわけである。

また一方で、子どもには自分の周囲で生じた悪い出来事の原因が自分にあると考える自己中心的認知傾向が存在する。そのために、虐待の原因が自分にあると考え、自己評価を低下させることになるのである。

3．攻撃性の高さ

虐待を受けてきた子どもには、怒りや欲求不満を直接的な攻撃行動によって表現する傾向が見られる。これは、虐待的な人間関係の中で養育者の行動をモデルにすることによって、問題解決のための手段として攻撃を学習した結果であると考えられる。

虐待を受けた子どもの攻撃性の高さを説明する今ひとつの概念が、「攻撃者との同一化」である。虐待という経験は、子どもに強い無力感や絶望感を与えるものである。こうした感情は苦痛に満ちたものであるため、子どもは、自分にそのような経験を与えた力強い存在である養育者に自分を重ね合わせることによって、無力感や絶望感を補償しようとするのだと考えられる。こうした攻撃者との同一化という防衛機制を通して、子どもの攻撃性が高まるのだと考えられる。

4. 解離性障害

虐待などの強いトラウマを繰り返し経験した子どもは、意識や感情の切り離しといった解離現象を示すことが多いといわれている。こうした解離現象は、虐待などの苦痛な体験から自分を守ろうとする子どもの防衛的な反応であると考えられる。しかしながら、こうしたいわば「適応的」な反応が、固定化もしくは般化した場合、認知、思考、感情、行動、記憶などの統合性を阻み、ときには後年の解離性障害へとつながる危険性を持っていると考えられる。

5. その他の特徴

以上、虐待を受けて育った子どもに見られる心理的、行動的特徴について概観してきた。前述のもの以外にも、これらの子どもには、強い口唇期性、注意集中困難、学習上のさまざまな障害、偽成熟性などといった広範囲にわたる特徴が見られることがある。

四、虐待を受けた子どもの心理療法

虐待を受けた子どもへの心理療法的アプローチを考える場合には、何らかのトラウマを受けた人がその体験から癒えてゆくプロセスが参考になると考えられる。そこで本項では、トラウマへの心理療法的アプローチの枠組みを概観した上で、虐待を受けた子どもに特徴的に見られるポストトラウマティック・プレイについて検討する。

1．トラウマについて

虐待などによって生じたトラウマへの心理療法的アプローチのゴールは、心にできた傷を癒すことである。心が受けたショックがあまりにも大きい場合、心がそのショックになった出来事をうまくプロセスすることができず、認知、感情、感覚などといった体験が凍り付き、いわば「結晶化」することになる。つまり、強いショックを与えた経験を結晶化させることによって、その時点では処理できないことを一時的に「凍結」するわけである。ホロウィッツとソロモン（Horowitz & Solomon, 1975）[8]は、こうした機能を、耐えられない考えや情緒の侵入に対する防衛であると考えている。その結果、トラウマの否認、感情の麻痺、環境からの疎隔化、トラウマとなった経験の日常生活からの孤立化などの傾向が生じることになる。

このように、通常の意識から切り離され孤立化されたトラウマは、決してそのままの状態で経過するわけではない。トラウマは意識に侵入してくる傾向があり、それは、フラッシュバック、苦痛な情緒を伴う再体験、繰り返すナイトメアや夜驚、白昼夢、理由の分からない不安や恐怖、強迫的な行動反復という形で経験される。こうした特徴は、DSM-Ⅳの外傷後ストレス障害（PTSD）の診断基準では侵入性／反復性の症状として記載されているものであるが（American Psychiatric Association, 1994）[1]、一方で、こうした特徴は心がトラウマを自ら癒やそうとする働きであるともいえる。これはフロイト（Freud）が〝completion tendency〟と述べたものであるが、トラウマとなった経験の消化吸収と、トラウマが引き起こした状況の極端な変化への適応のためには、トラウマに関連した認知、情緒、記憶などが徐々に意識に統合されていかねばならないわけである。このように、侵入／反復のプロセスは、症状という形で経験される一方で、統合と適応という治癒機能を持っているとも考えられるのである。

2．トラウマへの心理療法的アプローチの原則

前項で見てきたように、トラウマとはいわば心にできたしこり、もしくは結晶のようなものである。トラウマが癒えてゆくためには、この結晶を溶かし、プロセスし、意識の再構造化を行なう必要がある。

ジョンソン（Johnson, 1989）[9]やスカーフィールド（Scurfield, 1985）[19]は、このプロセスをReexperience（再体験）、Release（解放）、Reintegration（再統合）という三つのRで表している。

トラウマを受けたクライエントは、トラウマとなった出来事をできるだけ詳細に再体験しなくてはならない。トラウマを受けた際の認知、感情、視覚や聴覚、嗅覚、体感などの感覚などを再度経験することが、トラウマを癒やすための第一歩となるのである。

前述のプロセスで、トラウマとなった出来事を再体験することによって、その記憶の奥底

に埋まっていた感情や情緒が意識の表面に浮かび上がってくることが多い。特に、諸感覚の記憶と結びついて感情が表れることが多いとの報告もある（Johnson, 1989）[9]。トラウマをプロセスするためには、こういった感情や情緒を解放することが必要となる。いったん感情が表面化すると、それはまるで洪水のように溢れだし、クライエントは圧倒されてコントロールを喪失したような感覚を覚えるかもしれない。また、こうした感情や情緒はその性格上、クライエントに強烈な苦痛を与えるものである。したがって、クライエントは、そうした経験をもたらすセラピストを、自分の心の古傷を開き、感情的な混乱を引き起こすいやな存在だと認知することがある。しかしながら、後に述べる再統合のプロセスが生じるためには、この解放のプロセスがどうしても必要となるのである。再統合が生じるために、クライエントはその出来事の再体験と解放を何度も繰り返して経験しなければならない場合もある（Johnson, 1989）[9]。

再体験と解放のプロセスを何度も繰り返す中で、次第に再統合のプロセスが生じてくる。再統合とは、従来「結晶」という形で意識の中で孤立化させられていた経験を、意識内に消化吸収し、その経験を取り込んで意識や自分の歴史、アイデンティティを構成しなおすことである。クライエントによっては、解離性健忘の場合のように、自分にとってトラウマとなった経験をまったく記憶していないこともある。こうした場合、クライエントは従来トラウマとなった出来事を除外して自分の過去を構成し、その過去に基づいて現在の自分という存在を作り上げてきたことになる。この再統合のプロセスでは、トラウマとなった出来事を含めて自分を再構成することになるわけである。

以上のように、トラウマからの回復のプロセスには、トラウマとなった出来事を消化吸収できるための知覚や認知機能の基本的な再構造化が含まれる。この再統合もしくは再構造化は、情緒的な過負荷と認知的過敏性が解放されない限り生じないわけである。

3．ポストトラウマティック・プレイ

前項では、トラウマを受けた人への心理療法的アプローチの基礎について見てきた。子どもの場合、こうしたトラウマからの回復のプロセスは、プレイ・セラピーやアート・セラピーを通して進んでゆくことが多い。そこで次に、トラウマを受けた子どもに特徴的なポストトラウマティック・プレイ（Terr, 1990 ; Gil, E., 1991）[6,21]について見てゆくことにする。

テア（Terr, 1983）[20]はポストトラウマティック・プレイの特徴を一一項目にわたって記述しているが、そのうちで虐待を受けた子どものプレイに関連するものは以下の通りである。

(1) 同一のテーマが反復強迫的に表れる。
(2) トラウマとプレイのテーマとが無意識のレベルで関連している。
(3) プレイに見られる防衛機制は単純なものであり、トラウマを逐語的に表現する傾向がある。
(4) トラウマとなる経験をしてから、この種のプレイが生じるまでの時間はまちまちである。
(5) 時には不安や恐怖などの感情が逓減しないこともある。
(6) 危険性が伴うこともある。
(7) 繰り返しの表現様式としては、いたずら書きや物語作りなどまちまちである。
(8) ポストトラウマティック・プレイを適切に追ってゆくことによって、早期のトラウマまで遡ることが可能となる。

テアはポストトラウマティック・プレイの特徴をこのようにまとめている。彼女の言う

「危険性」とは、プレイにおけるトラウマのテーマの再現という「再体験」に感情の「解放」が伴わない場合、プレイでの反復的再現によって子どもがさらなるトラウマを経験してしまう可能性を意味している。虐待というトラウマをプレイの中で扱う場合、テーマの再現を適切にフォローし、そこに生じた感情の解放を促すことが重要となるのである。

注

（注１）二〇〇〇年四月に施行された児童虐待防止法には、ここで述べている四つの分類の定義がなされている。

（注２）一九九九年度のデータでは、全国の児童相談所の虐待相談受理件数は一万件を超えている。

文　献

（1）American Psychiatric Association : *Diagnostic and Statistical Manual of Mental Disorders (4th ed.)*. American Psychiatric Association, 1994.

（2）Baker, A., & Duncan, S. : Child sexual abuse : A study of prevalence in Great Britain. *Child Abuse and Neglect*, 9 ; 457–67, 1985.

（3） Boehm, B. : The community and the social agency define neglect. *Child Welfare*, 43 ; 453–463, 1964.
（4） Daro, D. : *Confronting child abuse : Research for effective program design*. The Free Press, 1988.
（5） Finkelhor, D. : *Child sexual abuse : New theory and research*. The Free Press, 1984.
（6） Gil, E. : *The healing power of play : Working with abused children*. The Guilford Press, 1991.
（7） Giovannoni, J. M. & Becerra, R. : *Defining child abuse*. The Free Press, 1979.
（8） Horowitz, M. J. & Solomon, G. F. : Delayed stress response syndrome in Vietnam veterans. *Journal of Social Issues*, 31 ; 67–80, 1975.
（9） Johnson, K. : *Trauma in the lives of children*. Hunter House, 1989.
（10） Kempe, C. H., Silverman, F. N., Steele, B. F., Droegmuller, W. & Silver, H. K. : The battered child syndrome. *Journal of the American Medical Association*, 181 ; 17–24, 1962.
（11） Martin, H. P. & Beezley, P. : Behavioral observations of abused children. *Developmental Medicine of Child Neurology*, 19 ; 373–387, 1977.
（12） Miller, K. : Child abuse and neglect. *Journal of Family Practice*, 14(3) ; 571–575, 1982.
（13） 西澤哲『子どもの虐待：子どもと家族への治療的アプローチ』誠信書房、一九九四。
（14） 大阪府児童虐待対策検討会議『被虐待児の早期発見と援助のためのマニュアル』一九九〇。
（15） 大阪児童虐待調査研究会「被虐待児のケアに関する調査報告書」『大阪府委託調査研究報告』一九八九。

(16) Polansky, N., Chalmers, M., Buttenweiser, E. & Williams, D. : *Child neglect : State of knowledge. Final report to the social and rehabilitation services*. Community Services Administration, U. S. Department of Health, Education and Welfare, 1974.
(17) Polansky, N., Chalmers, M., Buttenweiser, E. & Williams, D. : The absent father in child neglect. *Social Services Review*, 53 ; 163-174, 1979.
(18) Schecter, M. & Roberge, L. : Child sexual abuse. In : (eds.), Helfer, R. E. & Kempe, C. H. Child abuse and neglect : *The family and the community*. Ballinger Publishing Company, 1976.
(19) Scurfield, R. M. : Post-trauma stress assessment and treatment : Overview and formulations. In : (ed.), Figley, C. R. *Trauma and its wake*. Brunner / Mazel, 1985.
(20) Terr, L. : Play therapy and psychic trauma : A preliminary report. In : (eds.), Schaefer, C. E. & O'Connor, K. J. *Handbook of playtherapy*. Wiley, 1983.
(21) Terr, L. : *Too scared to cry*. Harper and Row, 1990.
(22) 全国児童相談所長会『全国児童相談所長会議輯録』通巻47、48号、一九八九。

子どもの虐待防止センターにおける電話相談の役割と課題

龍野陽子

「子どもの虐待防止センター」が発足して、五年が経過しました。センターの活動の柱は、大きく分けて四つありますが、そのひとつが電話相談です。

家庭という密室のなかで起こる子どもの虐待は、なかなか表面化しにくい問題です。センターで電話相談を始めたのは、電話というどの家庭にもあり、手軽に安価に利用でき、しかも匿名で相談できる手段を提供することにより、家庭内の潜在化している虐待を表に出す必要を感じたからでした。虐待をしている親自身が苦しんでおり、そのことをだれかに相談したいと願っているが、気軽に相談に行ける場所がなかったり、自分が非難されるのではという不安があり、相談する気になれないのではないかという予測もありました。虐待をしている親自身が相談場所を渇望しているということは、一年前に発足していた、大阪の児童虐待防止協会の虐待ホットラインの報告からも明らかでした。

「子どもの虐待110番」と名付けられた電話相談が始まったのは、一九九一年五月二〇日のことでしたが、事前に発足がマスコミなどで伝えられていたこともあって、開始時間を待ちかねていたかのように、電話が鳴りつづけました。

開設後五年間の総電話件数は約一万二五〇〇件です。一日平均一二件の電話を受け付け、一件の電話の所要時間は五〇分位ですが、長いものでは二時間に及ぶものもあります。総電話件数の四八%位が虐待に関する相談で、残りが育児相談とその他の相談です。

虐待に関する電話をかけてくる人の七五%は小学生以下の子どもをもつ母親で、自分が子どもに虐待をしていてやめられないという悩みを訴えるものです。残りがかつて虐待を受けて今は大人になっている人と、虐待を通報してくる人や虐待ケースをかかえた公的機関の人からの相談です。以下相談の電話をいくつかに分類してその典型的な例を挙げながら、電話相談の役割を述べてみたいと思います。

育児ストレスと虐待

事例 1

A子さんは三歳の元気な男の子の母親です。子どもが可愛くないわけではないのですが、最近いらいらして、つい子どもに手を上げることが多くなりました。例えば子どもは最近時計に興味をもち始め、「今何時?」と、一〇分おきに聞かれると答えるのにも疲れてきます。掃除を始めれば、掃除機の上に乗っかってくる、おもちゃの自動車に乗って突進してくる、やっと片付けたと思ったところを、またたくまに散らかす、邪魔ばかりされて家事すら思うにまかせません。外に連れて行っても目が離せません。夫は朝早く出て帰りは一一時位、平日は二四時間子どもに拘束されているような気がして、三〇分でいいから自分ひとりになりたいと思ってもかないません。彼女たちは子どもが小さいうちはしかたないと思い、いつまでもこれが続くわけでないこともよく知っています。だからこそ我慢ができずに子どもにストレスをぶつけてしまう自分に自己嫌悪を感じています。概して健康なごく普通のお母さんで、育児熱心な人が多く、虐待も平手でたたく、怒鳴る程度の軽いものが大部分です。その意味では、虐待と言っても、育児相談と呼んでいるものとほとんど地続きです。

こういうお母さんたちに、指導や助言はほとんど意味がありません。育児雑誌を何種類も読んでいる人が多いので「子どもの正しい育て方」を熟知しています。そのとおりにできないからこそ悩んでいるのです。むしろ保健所や教育相談などで正攻法のお説教や指導をされ、余計コンプレックスに陥っている場合が多いようです。

このような相談には電話だけの対応で十分だと考えられます。批判したり指導しようとせずに話を聞いて、時に子どもが憎らしいとか、いなければいいと思うことはだれにもあるものだと言ってあげることで安心します。どうやって育児の一番つらい時期を乗り越えるかを一緒に考えていくと、力づけられる人が多いようです。時には保育所や、時間託児の利用も薦め、子どもと離れる時間をもつことに罪悪感を感じないでよいことも話します。

即効的な解決策はなくとも、自分のつらさを聞いてくれるだけでいいと時々電話をかけてきますが、そのうちに子どもが成長したり、お母さんなりのストレス解消法を見つけたりするのでしょう、やがて電話をかけてこなくなります。重い虐待の相談の多いなかでは、ほっとするような電話ですが、電話相談の予防効果は期待できます。

家族間葛藤と虐待

子どもを虐待する背景に夫との不仲や、夫からの暴力、姑との葛藤があるお母さんたちがいます。話をするなかで、自分の子どもへの怒りが、家族間のストレスからくるものだと気づいていくことが第一歩かもしれません。なかには生活力がないために今の結婚にしがみつく人も、子どものために離婚できないと苦しんでいる人もいます。公的な援助を受けられることや、夫の暴力に苦しむ人たちの自助グループがあることなども含めて、情報提供をしたり参考になる本を薦めたりしますが、自分の結婚をどうするかはもちろん彼女たち自身が決めることです。彼女たちが自分で問題解決に向けて行動することができるように、力をつけることが電話相談の役目かと思います。

親の被虐待体験と子どもへの虐待

子どもを虐待する背景に自分自身の被虐待体験があるお母さんたちがいて、虐待をする母親たちの四〇%位を占めています。

事例2

B子さんは、女の子二人のお母さんです。長女は思いっきり可愛がって育て、素直で自分の感情を率直に表現できる子に育っています。しかし次女は生まれた時からおぞましくて、母乳を与えることができません。虐待をしてしまうというお母さんも、子どもの寝顔を見ると、「すまない、もう怒らない」と誓うという人が多いのですが、彼女はすやすや眠る次女を見ると、憎らしくてしかたがないのです。泣いているといい気味だ、泣いたってだれも助けてくれないわよと叫びます。彼女はほかのお母さんたちのように、子どもをたたいたり、つねったりはしません。跡がついて、夫に見とがめられるからです。ハイハイをしてくる次女の前にそっと熱いアイロンをおいておく。うんちをするとそれを次女の鼻先にこすりつけ「こんな臭いものをして」と怒鳴る。買い物に出るときも、泣き叫ぶ次女を一室に閉じ込め、長女だけを連れて行く。そういったいわば密やかな虐待をしています。そうしながら彼女は「長女を可愛がっていた私は本当の自分を隠して役割を演じていただけ。次女をもったことで私は本当の自分を見つけた。この抑えがたい憎しみと、たぎる怒りこそが私の本質だ」と思い当たります。

彼女の話を聞いていくうちに、彼女自身が二人姉妹の長女で差別されて、しかもすさまじい虐待を受けて育ったことがわかってきました。彼女は次女への憎しみの源がそこにあることは感じており、次女が自分と同じように育つことへの不安があるからこそ、電話をかけてきているのです。何度か電話をするうちに、親への怒りを少しずつ吐き出すようになってきて、そうすることで次女への憎しみが幾分やわらいできていると言います。しかし電話での相談だけでは限界があり、細くつながった電話の線を切らないように注意しながら、面接治療に結びつけたいと思うなかなかむずかしいケースです。

また、子どもにひどい虐待をしているわけではないが、ありのままの子どもを認められず、苦しんでいるお母さんたちもいます。

事例3

C子さんもそのひとりです。彼女には四歳になる男の子がいます。わんぱくでもいい、活発で溌剌とした、自己主張のできる子が彼女の理想です。しかし現実の子どもは、友だちにおもちゃを取られても、悔しがりもせず「べつにいいの」というような子です。引っ込み思案で集団遊びが苦手、「入れて」という言葉が言えず、いつもうずくまって土の上に字を書いています。彼女はこの子に「だからあんたは友だちに嫌われるのよ」「もっとはきはきしないと、お母さんも大嫌い」というような言葉を投げつけてしまうのです。このような言葉が子どもをますます萎縮させてしまうことは百も承知なのですが、彼女は自分の育て方が間違っていたからこういう子になったのだと思えてしかたがないのです。

C子さんとは、電話の後、手紙のやりとりをしていましたが、それによるとある日C子さんに転機があったようです。息子は自分でないもっと暖かい母親に育てられた方が幸せになるんじゃないかと、家を出ることすら考えてうつうつしていたC子さんに、妹が「おねえちゃんは、元気じゃなくってもいい。そこにいてくれるだけでいいんだよ」という言葉をかけてくれたのです。C子さんの親は虐待をするような人ではなく、むしろ知性と教養にあふれた尊敬される両親でした。しかし、丸ごとの自分をそのまま受け入れてもらったのはC子さんにとってこのときが初めての経験でした。

親の期待を先取りしてずっと「よい子」できた人が、子どもをもってまたその子を「よい子」に育てるために「よい母」になろうとする。電話相談にはこういうお母さんが実に多く登場します。もっと「よい子」になれ、そうすればもっと愛してやるというメッセージを受け取りつづけてきた人が、ありのままのわが子を愛せないという現実を前に途方に暮れています。途方に暮れるというのは、多分よいことなのでしょう。自分は本当に自分が好きか、自分は無条件に親に愛されたことがあったか、そのことを本当に悲しんだことがあったか、「子どもへの虐待」は、お母さんたちがそんなことを考え始めるひとつの契機を与えてくれるかのようです。

重度の虐待と危機介入

母親からの相談で、子どもの命の危険を感じるほど重度の虐待があり、危機介入が必要と思われるケースが少数ながらあります。子どもの首を絞めた、死んでくれと思う、食べ物を与えていないなどです。電話相談は匿名が原則ですから、相手の住所や名前を普通は聞きません。しかしこのような時には名前住所を知りたいと思います。自分から相談の電話をかけてきていること自体が、援助してほしいというSOSを発しているわけですから、お母さんを絶対責めずに、援助したいという姿勢を示すことで介入できる場合もあります。そして、こちらから保健所や児童相談所に電話をして、訪問を依頼します。必要な時には公的援助機関と連絡会議をもち協議して、母子分離につながるケースもあります。

電話相談を受けていて一番不安になるのは、こういうケースです。相手がまだこちらに警戒心をもっているときに、いきなり名前や住所を聞いて、相談の糸が切れてしまってはなにもなりません。お母さんたちのなかには、すでに保健所や児童相談所に相談したことがあり、そこで非難されたり、結局助けてはもらえないという不信感をもってしまった人もいます。すぐにそういう役所の名前を出すと恐れをもってしまう人もいます。焦って名前や住所を聞くより、次の電話に確実につないでいくことの方が大事と思われる場合もあり、相手が名乗らなくともこちらの名前を告げて、次の電話をどきどきしながら待つということもあります。

通報ケース

しかし本当に重度で危険を感じる虐待は、通報されてくるケースに圧倒的に多いと言えます。保育園や学校の先生から、親から虐待されている子どものことでの相談、病院のケースワーカーなどから、親から虐待されたと思われる傷で入院している子どものことで相談を受けます。また地域で虐待ケースを抱えている、保健婦や福祉事務所のケースワーカーから、虐待があることがわかっていて、なんとか子どもを保護したいのだが、親が同意しないので行き詰まっているなどの相談もあります。虐待の程度も深刻な場合が多いので、子どもの保護に向けて危機介入が必要ですから、すぐに地域の保健所、児童相談所、福祉事務所などと連絡をとります。子どもを保護する権限をもっているのはもちろん児童相談所ですが、親権の壁に阻まれて難航することも多いので、関係機関が一同に会して、情報交換と役割分担、今後の方針を決める会議が必要になります。時には法律の力を借りて親権の一時停止をしてでも、子どもを保護せねばならないこともあり、センターから弁護士が地域の会議に出席し、法律面で関係機関を応援することもあります。

通報ケースは電話相談員だけでは対応がむずかしく、センターの運営委員である専門家（医師、弁護士、保健婦、福祉専門家）とともに毎月の定例のケース会議で検討しています。重い虐待ケースを聞いてしまった相談員は不安で動揺します。運営委員と相談し、いろいろな意見を聞くことで、相談員自身が落ち着きを取り戻し、余裕をもてるようになるので、決して相談員がケースを抱え込まないことが大事です。

同じことは相談者（ケースを抱えている専門家）にも言えます。センターが積極的にケースに介入することもありますが、ケースを抱えて困っている保健婦やケースワーカーなどの専門家の不安を聞くのも電話相談の仕事です。実際にケースの処遇に立ち会っている専門家を背後から支える人がいれば、その専門家は少し余裕をもてます。余裕をもって対応することによって、ケースの展開をじっくり待つことも可能になるようです。

精神科の病気と虐待

うつ病や神経症などで、すでに精神科、神経科などに通院中のお母さんからの相談もあります。うつ病や抑うつ神経症の症状がある時に育児をせねばならない苦痛は察してあまりあります。無気力で、子どもに母親らしいことをしてやれなかったり、自分への腹立たしさから子どもに暴力をふるって、また自分を責めることを繰り返している人もいます。子どもをだれかに預けて治療に専念できればいいのかもしれませんが、子どもと離れると寂しさでいたたまれないという人が多いようです。実際に、母親が一旦同意して児童相談所などに子どもを預けても、焦燥感ですぐ子どもを引き取りに行ったケースもいくつかありました。

電話相談の役割は、治療の隙間を埋めるようなものになります。不安でだれかとしゃべらずにはいられないとか、かかっている精神科への不満をぶつけてくる人たちもいます。それを淡々と聞いていることしか電話相談にはできないし、おそらくそれ以上のことをしようとしてはいけないとも思います。

被虐待者からの相談

子ども時代に親から虐待を受けたことで、対人関係がうまくもてなくなり、現在も親からさまざまな虐待を受けながらも、家に閉じこもりがちになっている未婚の人からの相談も数多くあります。親に憤りを感じているのに、その親の元を離れることができないというのが相談の中心です。彼らは生活力がない、自立する自信がないと言いますが、やはりどこかに親を捨てられない不安や、親が変わってくれるだろうという期待があって親に執着しているように見受けます。ですから、親元を離れて生活できるような具体的な手段を提案しても、それが実を結ぶことはあまりありません。

事例4

D子さんから、初めて電話があったのは五年前でした。D子さんは当時二〇数歳でしたが、子どもの頃から両親に虐待を受け、そのストレスで一五歳の頃よりひどい皮膚炎を患います。病院を転々としますが、薬の副作用もあり症状はひどくなる一方、電話をかけてきた頃は外気に触れるだけで痛みがひどく、一室に閉じこもり、外界とのつながりは電話だけという状態でした。他人が部屋に入るだけで、その匂いで皮膚が痛むというD子さんに、保健婦の訪問を提案しても無駄でした。ひたすら自分の症状のつらさと、母親がどれほど酷い言葉を投げつけるかを話しつづけるということが週に一度ほど一年以上続きました。

五年たって、現在の彼女は自分の皮膚炎についてこう語ります。「まず第一に、心の傷の表現だった。第二に親の関心をひきつける唯一の方策だった。そして第三に親への復讐でもあった。さらに、この家から出ることはできないと自分を納得させる手段でもあった」。しかしひどい皮膚炎の彼女に向かって「この穀潰し出て行け」と怒鳴る親をみて、彼女は親が変わることは金輪際あり得ないと確信します。彼女は三年前から外に出て行くようになり、今では友だちと旅行を楽しむまでになっています。まだ親の家を出て自立するまでには至っていませんが、そのことが格別彼女を苦しめているわけでもなさそうです。「親は親、私は私、私はたまたま運悪くこういう親に当たってしまっただけ。私は親をどうにかすることはできないし、する気もない」。

彼女の変化の契機になったようなことが特別あったわけではなく、彼女自身がだれの考えを借りることなく、歩んできた変化です。皮膚炎のため紙に触ることもできないという彼女に本を薦めることもできず、最初の頃の私は無力感と焦りで大いにとまどいました。そのとまどいがかえって幸いしたのかと思いますが、彼女は私に何も求めず、ただ彼女の心境の変化を黙って聞いているというのが、私たちの電話を通しての会話のスタイルとなりました。彼女の力を信じて、心の軌跡の目撃者にさせてもらっているだけです。「彼女の言葉を丸ごと信じて聞け、洞察など一切するな」というスーパーヴァイザーの言葉が私を支えてくれたことは言うまでもありません。

もちろんすべての人が電話だけでこのような変化にたどり着けるものではなく、今は親から虐待された人の自助グループもありますので、そちらを紹介することもあります。それがいい出会いを生むこともあれば、そうでないこともあります。

また、だれかひとりを電話の相手に指名してその人と話を深めていくより、毎回違う人に「自分がいかに親に酷い目にあっているか」という同じ話を聞いてもらって、相談員によって違う反応を楽しんでいるかのような人もいます。自助グループや個人カウンセリングを薦めても、まったく乗ってこないタイプの人です。それでいて、電話だけはちょくちょくかけてきて前回と同じ話を繰り返します。それが長く続くと相談員はとても疲れます。いつもただ話を聞いてあげることで、かえってこの人がこの状態から抜け出す力を殺していはしまいかという疑問も当然出てきます。いわゆる電話依存症を育ててしまったのではないか、電話を受けない方が親切ではないかと苦い気もします。一方で、いくら酷い虐待にあっていても、そこがその人にとってある心地よさをもち、動きたくない、動けないということを、だれかに受け入れてもらいたくて電話してくるのではないかとも考えられます。そういう人にとって、不特定の人に距離をおいて顔を知られないまま話せる電話しか、安全な場所はないのかも知れません。だれも他人に「変わること」「成長すること」を要求することはできません。その人がある動機をもって出掛けていく面接治療やグループと違って、その人がただそこに居つづけることを認めることも、電話相談の役割のひとつかと思うのです。

電話相談の問題点

電話は非常に気楽な手段です。気楽さのもつ良さと問題点はうらはらであります。問題点について言えば、相談者の側から考えると、自分が話したいと思ったときに、なかなかつながらないということがあります。「いつかけてもお話し中で」とよく言われます。これに対しては、回線を増やす、二四時間態勢にする、相談員の数を増やすなど、解決策はいろいろ考えられ、これからの課題であるとも思いますが、財政面でむずかしいこともあります。また、いつも同じ人と相談ができるわけではありません。これに対しては、相談員の名前を聞かれれば答えて、今度はいつ電話をしてくださいと伝えていますが、もちろんかけてきたときに電話がつながらなかったり、その相談員がほかの電話に出ていれば話をすることができません。

さらに、電話相談なので当たり前のことではありますが、相談員の声しか情報はなく、顔の表情や、仕草、雰囲気を感じることはできません。信頼関係を作りにくいことは否めません。声しか伝えるものがないから、できるだけ落ち着いたソフトな声で「あなたの話を一生懸命聞いていますよ」というメッセージを伝えたいと努力はしていますが、時にはそれが伝わらないこともあります。相談員が「うん、うん」と聞いていても、本当に自分の話を熱心に聞いてくれているのか、不安になるらしく、「うんうん言ってばかりいないで、何か言ってくれませんか」と怒ったように促されることも、ごく稀にはあります。もちろんこれには、相談をしてくる方の「何か具体的な解決策やアドバイスをしてくれるはずだ」という誤解がからんでいることもあります。虐待の相談では具体的で即効的な解決策はほとんどありません。むしろ相談者の今の気持ちを否定せず、苦しんでいることに共感するビーイングの態度で臨むしかありません。「何か言ってほしい、教えてほしい」という言葉も「それほど自分を変えたい、よくなりたいという気持ち」の表現として聞く心構えが必要なのでしょう。しかしこちらの顔が見えたり、相談者と一緒になって困って考えている表情が相手に見えたら、少しはわかってもらえるのにと思うこともあります。

相談員の側からも同じことが言えます。危機を感じる内容のときには、次に電話がかかってくるのを不安いっぱいで待つしか方法がありません。自分の対応がよかったのかどうか、フィードバックする術もありません。たまに「このあいだの電話相談員の応対で傷ついた」というクレームをいただくこともあり、大変参考になるのですが、ごく稀なことです。傷ついたら二度と電話をしないだけで、わざわざそんなことを言うために電話をしない相談者の方が普通でしょう。しかし「ほかの電話相談で自分は傷ついた」という電話をしてくる人はよくあるので、他山の石としています。

多くの相談者が電話を置くまえに「気持ちが軽くなりました、少し勇気が出ました」などと言ってくれますし、声の調子が電話を終える頃には明るくなったり、笑い声が聞けるようになったりすると、本当にほっとします。またごく稀ですが、電話相談のおかげで自分は救われたというお礼の電話をいただくときもあり、これには大変勇気づけられます。

顔が見えない不安は相談員にとっても同じです。特に電話の声だけでは、本当に危機的な状態かどうかわからず、子どもの様子、お母さんの顔色、住む部屋の様子など、電話線を通じてのぞき込みたい思いにかられることもあります。お母さんの「子どもを殺してしまいそう」という話に驚いて、地域の保健婦さんに訪問してもらったところ、「子どもも元気だし、ちゃんと子どもの世話をしていましたよ。一時的にパニックに陥っていただけでしょう」という報告をもらったこともあります。電話では少し大袈裟に自分の気持ちを言うこともあるのかもしれません。相談員も慣れないうちは相手のパニックに巻き込まれてしまうこともあります。しかし、むしろ自分の気持ちを伝えられない相談者、声が平板で感情のこもらない話し方をする人こそ注意して聞く必要があるようです。

電話相談には作話がつきものです。これも慣れないうちはとまどいます。「子どもの虐待防止センター」には最初のうち、一四、五歳という男の子から母親や継母、姉などからセックスを強要されたという性的虐待の電話がたくさんかかってきました。大抵は年齢より大人びた声や、性的な言葉を使うことで見当がつきます。こういう電話は一度きりでなく、まじめに聞いてもらえると思うと何度でもかかってきます。相談員の数が多くないので、そのうち同じ相談員が当たることもよくあります。「まえにもお電話いただきましたね」というだけでぷつんと切れてしまうので作話とわかります。

作話は愉快なものではありませんが、動揺せず淡々と聞いていれば、そのうち飽きてしまうのか、かかる回数が減ってきます。電話相談を始めた頃は多かったのですが、現在では大分減ってきています。

新しい電話の使い方
——ダイヤルQ2の試みと失敗

「子どもの虐待防止センター」では、一九九二年四月から電話相談のほかに、子どもを虐待してしまう母親たちを対象とした自助グループを発足させ、週一回ミーティングをもち、順調に機能しています。自助グループとは、同じ問題に悩む仲間と出会うことにより、自分だけがその問題に苦しんでいたのでないことを知り、自らの問題の質を明確にとらえることができるようになり、仲間との共感のなかで自らの回復を目指していくものです。

さらに、この自助グループを電話を使って試みることができないかと導入したのが、NTTのダイヤルQ2のパーティーラインでした。そのメリットとして、①電話なら遠方に住んでいる人でも参加できる、②自宅にいながらグループに参加できるので、幼児をもっていて出掛けにくい人でも参加できる、③同じ問題で悩んでいる人と話し合いたいが、顔を出さずに話し合えるので、自助グループへの参加をためらう人も気楽に参加できる、④費用は通常の電話代プラス情報料として一時間一〇〇〇円程度の一番低い水準に抑えているので、比較的低料金で利用できる、などが考えられました。

電話によるグループの運営方法は具体的には次のようなものでした。まず週に一度一時間、グループの開設時間とファシリテーターを決めます。ファシリテーターは電話相談員が務めます。パーティーラインにはファシリテーターを含めて四人の人が参加できます。三人のお母さんたちが決められた時間にパーティーラインに電話をすると、ファシリテーターが出て、仮にＡＢＣと名付けた三人のお母さんたちを話し合いに導入したり、会話を整理します。また参加したい人は次週の同じ時間に電話をすれば、グループに継続的に参加できます。グループに参加するお母さんは、通常の電話相談をしてきた人のうちから相談員が判断して選び、お母さんが希望すればダイヤルＱ２の電話番号を紹介します。ダイヤルＱ２の電話番号を一般に公開することはしませんでした。なぜなら電話番号を公開すれば、だれが参加してくるかもわからないので、興味本位の人がお母さんたちの話を聞いてしまうという危険性を回避できないと考えたからでした。プライバシーの保護は、グループを安全な場にするために、何をおいても守らねばなりません。

このパーティーラインの試みは約二年で挫折し、撤退しました。その直接のきっかけとなったのは、異性間の交際に使われるいわゆるピンク電話に、パーティーラインを利用する業者が後を断たず、親に黙ってパーティーラインに電話する子どもがいるので親が法外な利用料金を請求される事例が相次ぎ、NTTが世間の非難を浴びたことでした。NTTは、それまでも繁雑なパーティーライン開設の申請書を五カ月ごとに要求して、悪質な業者かどうかをチェックして、私たちの事務手続きをいやになるほど忙しくしてくれていたのですが、それでも悪質な業者を一掃することができなかったのでしょう。ついに利用者を登録制に切り替えたのです。つまり、電話の契約者があらかじめNTTに利用したい旨の登録をしておかないと、家族はだれもパーティーラインにかけられなくなってしまいました。これでは利用する人がいるはずもないと思い、この時点で撤退を決めました。

ピンク電話で悪評高いパーティーラインでしたが、「子どもの虐待防止センター」がこのような利用の仕方をするということで、NTTからも名誉挽回のチャンスと期待され、開設のときはNTTが新聞に全面広告まで出してくれるほどバックアップしてくれていたのですが、残念な結果に終わりました。

しかし、パーティーラインの試みがそれまでも成功であったかというと決してそうではありません。失敗の原因はひとつに参加者が極端に少なかったことで、時にはファシリテーターだけが一時間電話を待ちつづけ、ついにだれからも電話がかからないこともありました。参加者の少ない理由として次のようなことが考えられます。

①グループというのは、あえて遠方まで出掛けて行ってでも参加したいと思うほどの強い動機をもつ人によって成り立っていくもので、そのようなニーズをもたない人は試しに参加することはあっても継続しない。電話の気楽さが裏目に出た。②参加者が少ないということは、ファシリテーターと一対一で話し合うことも多く、それなら通常の電話相談と変わらず、利用料金を請求されるだけ損をする。参加者が少ないから余計参加者が増えないという悪循環に陥った。③母親たちの年代では、顔の見えない複数の相手と会話をするという新しい電話の使い方――パーティーライン方式に生理的になじめない人が多かった。④グループの良さは、同じ問題を抱える人々と顔を合わせ生の声を聞き体温を感じられるところにあるので、機械を通した声には、生身の人間の集まりのもつ暖かさがない。

参加者が少ないほかにも、経済的に見合わないという欠点もありました。まず機械が非常に高額でした。さらに維持費も高額で、参加者が多かったり、利用料金を高く設定しない限り儲からない仕組みになっています。センターのダイヤルQ２は儲かるどころか、毎月多額の赤字を出して、センターの経済を圧迫しつづけました。

このように結果的には大失敗のパーティーラインでしたが、試みに意味がなかったとは思いません。虐待をして悩んでいる親たちの自助グループは全国でも非常に数が少なく、センターでは東京にひとつ開設しているだけです。パーティーラインによる自助グループが次善ではあっても、代替物にはなり得たと思います。電話で自助グループを経験することにより、自分の住む地域に本当の自助グループ開設の必要性を感じる人も出てきたでしょう。初めての試みに利用者が慣れるまでには時間がかかります。登録制にならなければ、じっくり待って利用者が増えることも期待できました。

いろいろな可能性を秘めていたとは思うのですが、ハード面でもソフト面でもまだＮＴＴのシステムが未成熟でした。ピンク電話のような収益目的の事業と、福祉的な事業が区別できないことがシステム上の大きな欠陥でした。パーティーライン導入に飛びついたのは時期尚早だったというのが結論です。

参考文献

木下淳博『親権について』子どもの虐待防止センター、一九九一。

児玉勇二、泉　薫、木下淳博『児童の虐待について我々は何をなすべきか』子どもの虐待防止センター、一九九二。

子どもの虐待防止センター編『子どもの虐待防止センター報告書』一九九三。

坂井聖二『小児科から見た児童虐待』子どもの虐待防止センター、一九九一。

坂井聖二『子どもの虐待と放置』子どもの虐待防止センター、一九九一。

坂井聖二『周産期の母親への援助―子どもへの虐待を予防するために―』子どもの虐待防止センター、一九九六。

斎藤学編『児童虐待―危機介入編―』金剛出版、東京、一九九四。

斎藤学『子どもの愛し方がわからない親たち―児童虐待―』講談社、東京、一九九二。

子どもが家庭で暴力をふるうとき

――「家庭内暴力」を考える

大島　剛

一、はじめに

家庭の中で慢性的に暴力が発生する状況は、大きく分けてふたつ考えられる。ひとつは大人が暴力をふるうものであり、それが子どもに向けられる場合が「児童虐待」であり、主に児童相談所が相談援助活動を行っている。(4)もうひとつは子どもが暴力をふるうものであり、一九八〇年前後に「家庭内暴力」という名称で大いに社会の話題になった。一見問題のない家庭に育ち、それまでに素直な「優等生」であったのに、思春期に入って突然親に暴力をふるいだす若者は、今までにない新種[7]であり、マスコミにも大きく取り上げられた。そして、この当時に多くの研究[1、2、7、9]が行われ、精神科領域においても青年期（思春期）の問題として取り上げられ、「家庭内暴力」という用語も上記の意味で広く社会に定着していると考えられる。

さて、今回「心理臨床と暴力」というテーマで家庭における子どもの暴力を考えることとなったが、表題を「家庭内暴力」とはしなかった。これは児童相談所という場では、必ずしも右記の「家庭内暴力」の持つイメージにそぐわない事例が存在する。筆者の私見でも一般の病院臨床や臨床心理、教育相談などの事例に比較すると、児童相談所で取り扱う事例はその家庭背景がやや異なったものが含まれると考えられるからである。児童相談所の事例は精神科領域や臨床心理領域での報告が少なく、特殊な事例としての印象があるかもしれない。しかし、これらの事例は今まで報告されている事例と同様のメカニズムでとらえることができると考えている。ここでは筆者の臨床経験に基づく児童相談所の視点を通し、少し切り口を変えてこの問題を考察しなおしてみたいと思う。

二、児童相談所というところ

まず、本論に入る前に少し児童相談所の説明をしておく。

児童相談所は児童福祉法の規定により、都道府県、政令都市に設置されている行政機関である。現在一七四カ所があり、日本国中どこにおいてもその地域の管轄の児童相談所が存在する。設置目的は、家庭その他からの相談に応じ、子どもの問題や真のニーズ、置かれた環境の状況等を的確に捉え、個々の子どもや家庭等にもっとも効果的な処遇を行い、子どもの福祉と権利を保護することである。そして、すべての子どもが心身ともに健やかに育ち、その持てる力を最大限に発揮することができるよう子ども及びその家族等を援助することとなっている(4)。

また、他の専門機関に対して特筆すべきこととして、病院への入院とはニュアンスの異なった、子どもを一時的に生活させる一時保護所を持つこと、児童福祉司・心理判定員・医師・児童指導員・保育士などの多職種が対等にチームを組んで合議しながらひとりの子ども

の処遇にあたる体制があること、児童福祉施設への措置権があること、相談に際しては無料であることなどがあげられる。(5)

三、子ども及び家族への援助

国ではなく自治体の設置であるために地方的特徴があり、必ずしも均一化はしていないが、少なくともインテーク段階のあと児童福祉司による「社会診断（家庭調査など）」があり、多くはその後に心理判定員（心理職）による「心理診断（子どもの心理的状態の把握）」がなされている。つまり、子どもだけでなくその家族に対しての援助も念頭に置いて、詳細な調査がなされた後、その子どもと家族にどのような処遇（援助）が可能かということが決定され、実行されていく。

児童福祉司の「社会診断」に重きが置かれる点は、その子どもが問題を出しながらも成長発達していく場、資源としての家庭が、その社会的・歴史的背景の中で、現在どのような構造になっており、どのくらい疲弊しており、どの程度の余力を持ち、どんな健康的資源を有しているか等の判断が今後の処遇に対して重要となってくるからである。児童相談所は戦後の浮浪児対策を起源としている歴史的背景もあるが、現在も福祉をより必要とする社会的に困窮している家庭の相談が集中している。そこで、その子どもが健康的に成長発達していくための家庭機能が不十分であり、在宅を前提とする一般的なカウンセリングや心理療法等ではパワーアップできない重篤な状態の家庭の場合、家庭への福祉的援助や子どもの一時保護、児童福祉施設入所等の処遇も検討する必要が出てくる。このためにも「社会診断」は必須なものとなっている。

そして、このような「社会診断」の対として、心理判定員による子どもの心理的状態の把握（心理診断）がなされる。ここではその子どもの知的能力、パーソナリティ、生育歴上のトラウマや発達阻害因などの状態の把握がなされる。場合によっては精神科医師による「医学診断」や、一時保護時に児童指導員・保母などが「行動診断」も行い、今後どのような環境で成長発達していくことが適切で、どんな治療法が効果的かが総合的に検討される。この結果、在宅を前提とした一般的なカウンセリングや心理療法が行われることもあるが、子どもと家族の休息のための一時保護所利用や、児童福祉施設入所等で家族構造の変化までもたらすような重度のものも多い。

いずれにしても児童相談所の事例は、その体制上十分とはいえない現状があるが、「家庭という器の中で継続的に起こっている子どもと家族の相互作用」に注目し、どのような援助をすれば、子どもが少しでも今以上に健康的に成長発達を遂げるかを念頭に置きながら処遇されている。

四、児童相談所の「家庭内暴力」の実状

左記の表は平成八年一〇月〜平成九年三月の半年間に、神戸市児童相談所で相談受理した時点で、家庭内で子どもによる暴力があると認められた二七例をまとめたものである。

表1でわかるように、小学校低学年も含めている。これは思春期の様態として「家庭内暴力」を位置づけている点に反するが、一応家庭内で子どもが起こす暴力で家族が困っているという視点から含めたままにしている。

表1の結果は、先行研究によれば中学生になると急激に増加し、圧倒的に男子に多い[10]、と

表1　学年及び性別

	小2	小3	小4	小5	小6	中1	中2	中3	高1	計
男	2		2			4	3	6	3	20
女	1				2	2		2		7

表2　家庭状況

	父子家庭	母子家庭	その他	両親あり
人数	2	11	3	11
%	7.4	40.7	11.1	40.7

その他：祖母との家庭，義父との家庭，父単身赴任中

いう点でほぼ一致する。また暴力の内容は母親や兄弟への暴言や身体的暴力、器物や建物に対しての暴力が多く、子どもの状態像としてはおおむね他で報告されているものと同様と考えられる。一〇例が不登校・登校渋り、四例が家出などの非行動を並行して示している。

しかし、表2では児童相談所の事例は、かなり家庭基盤に弱さがあるものが多いという結果が出ている。今までの事例報告や概説には、家族のイメージとして中流以上、父は高学歴で社会的ステータスを持ち、仕事に忙しいという事例が多かったと思われる。また父母の欠損している家庭では少ないとの記述があったものもあった。この点は表2で母子家庭からの相談が圧倒的に多い点から、児童相談所の事例とはそぐわない。つまりここでは先のような家庭にしか家庭内暴力は起こらないというこ

とではなく、さまざまな家庭にも起こりうるという点を指摘しておきたい。ただし、このような今までの研究を否定するつもりはなく、ある社会階層では、多くの研究成果のとおり、社会背景の影響を受けて、家庭のひずみによりこの現象が出現したと思われる。しかし、子どもと家族の相互作用という視点で見ると、広範囲のさまざまな要因から子どもが育つ家庭機能の弱体化や、その子どもの状態の相互作用により、「家庭内暴力」が出現していると考えられる。極端な家庭背景を持つ児童相談所の事例も含めて、家庭内の子どもの暴力を包括的な視点で考察していきたい。

五、なぜ暴力が出現するのか

筆者の臨床経験から、自分が育つ家庭や周囲の環境に変調や不調があると、その子どもはそれに対するサインとしてさまざまな「問題」を出すと考えている。「家庭という器の中の子どもと家族の相互作用」に影響されて、それが身体症状であったり、非行などの不適応行動であったり、不登校などの非社会的行為であったりすると考えている。さまざまなサインがある中で、家庭内で子どもが暴力をふるうことの意味を考えてみたい。

児童相談所に来所する中学生の中には言語表現力が乏しく、「うまく口で言えないから手が出る」というものもいる。口で勝てないから手を出すという構図は、どこにでもありうるが、相手に自分の存在感を示す非常に手っ取り早い手段である。しかし、社会的存在として、人間社会ではこれをコントロールすることを要求され、年少の頃から暴力に対してのしつけが行われている。

もともと自己表現力のレパートリーが少ないか、暴力をコントロールする力が弱い子どもも中には含まれるが、一般的に「家庭内暴力」といわれる子どもたちは、暴力の出現前後での状態像の差異が激しい。つまり、今までの暴力に対するコントロール力が一時的に弱まるか、それを上回るほどの強い衝動性に支配される面があるように思われる。これらに関しては、特に男子の場合に性衝動との結びつきが指摘されている[8]ように、第二次性徴の出現による心身のアンバランスなど、思春期の問題によるものと考えられる。しかし、それまでの生育歴上で抑圧したものが多かったり、適切な衝動性の発散方法を身につけていなかったり、挫折によるトラウマの蓄積によって、彼らの爆発力はより大きくなると考えられる。中には

「わがままな子」でいつづけたというタイプも見られるが、それまで「いい子」でいることで犠牲にしてきたつけがここに来て回ってくると考えてもいいかもしれない。また、性格的にもこだわりや完全癖がある場合に多いともいわれているが[10]、彼らはこの性格傾向ゆえに、暴力にもストレスの発散方法にもこだわり、自然な解消方法が身につきにくく、より暴力に向きやすく脱しにくいと推測される。

六、心理的離乳と心理的距離

彼らは不登校になることはあっても、校内暴力・対教師反抗などかえって学校や外の世界で暴力をふるうことが少ないと思われる。このように暴力が家庭内だけに限定されているのは、家庭の中、つまり親との関係が問題になっているからと考えられる。これは「心理的離乳」の問題[12]のひとつの側面であり、依存と自立の葛藤にさいなまれた現象の現れとも思われる。児童相談所でも、それまで親に依存ばかりしていたか、「小さな大人」として自立をつねに要求されつづけていたかの極端な偏りが感じられる事例に出会うことも多く、後者の場合、反抗期の欠如や心理療法を通して幼児的退行を示す場合も見られている。

もうひとつ考慮すべき尺度として、家族との心理的距離が考えられる。彼らは他の子どもに比べ特に親との「心理的距離」が近すぎ、非常に強い結びつきがあると思われる。ある母子家庭の事例では、われわれの目の前で延々一時間以上も罵りあいの「けんか」を繰り広げた。その子どもも、われわれに対して「ただの親子喧嘩なのになぜ他人が介入するのか」ということを言っている。また、「このままではだめになる」と自分から施設入所を願いでた中学生の事例もあった。自ら心理的距離を離そうと懸命に考えたあげくの選択である。

逆に、母親のことを口にだすことも阻むほど、母親に対しての強い反感を示す中学生男子で、家庭内の暴力ではなく、家出や万引きを繰り返す事例があった。彼の場合、他の家族の結束が堅く自分だけが浮いており、潤いのない家庭観にさいなまれていた。母親に暴力をふるう方向にベクトルが向かず、家出などで物理的に心理的距離を離す方向に向けられていたように思われた。非行をする子どもの中に、中卒後すぐにでも家を出て一人暮らしがしたいという場合が多い。これは彼らに対して親の関心が乏しい場合に多いように思われ、どこかの時点で否応なく自立を迫られてしまった結果、心理的距離を離してしまったとも考えられる。

大雑把な仮説としては、心理的離乳期に至るまでに「依存」と「自立」に大きな偏りがあり、思春期の衝動性が出現するときに、それぞれの親との心理的距離によってさまざまな不適応のサインが出現するのではないかと考えられる。そして心理的距離が近く、ベクトルが直接的に親に向く場合に「家庭内暴力」が出現しやすいと考えられる。家出と「家庭内暴力」を併発している事例は、この視点から見ればかえって重篤なものと考えられる。また不登校を併発する場合には、登校に向けてのエネルギーをさける状態でないことが原因と考えられる。

七、その家庭背景

この問題を子どもと家庭の相互作用として考えると、そのような子どもが育つ家庭背景をしっかり把握する必要がある。「家庭内暴力」の親の養育態度の研究では、母親の「過期待」「過干渉」な養育態度が上位を占めており、心理的距離も非常に近い状態にあることが推測される[1,2,3]。母親のこの態度が偏差値教育や受験競争の渦の中で、学業成績に期待されるようになり、比較的優秀であり、成績の良かった子どもを追いつめていくともいわれている。一方で父親は「放任」「逃避」の養育態度が強いとの結果が出ている。父親の育児への無関心・無関与や夫婦間の精神的不一致が、かえって母子を密着させたり、父親への反動で子どもに過剰な期待を強いることを促進しているとも考えられる。児童相談所でも、両親がそろっていて、形の上では普通の家族のようでも、「うちは準母子家庭です」「家庭内離婚です」などと訴える母親によく出会う。家庭の形態でなくその力動にも注目する必要が強く感じられる。

　ただし留意しなければならない点は、その家庭内で子どもが出す問題を、十分に受けとめられるキャパシティーがあるかである。子どもが暴力をふるいだすとき、それを受けとめたり、他の兄弟を守ったり、重大な事故につながらないように抑えを効かせるために、親やその他の家族には精神的・体力的・経済的ゆとりが必要となる。そしてだれかひとり（たとえば母親）がすべて引き受けてしまわない、お互いを支え合う家族間のチームワークも大切となる。また近隣や知人、学校や会社の理解と協力もある方がいい。しかし、かなり強烈な暴力が出現する場合、てんかん等のその子どもの本来の問題が主である場合を除いて（しかし、この場合においても多少なりとも考慮する必要があるが）、暴力が出現する前に、すでに家庭にゆとりがなく、家族間のチームワークがぎくしゃくしており、社会的に孤立し、キャパシティーの幅が狭くなっている場合も多い。

八、家庭の変容

「家庭内暴力」の問題を改善していくために実際大切なのは、暴力出現後の家庭の変容である。子どもが暴君として君臨する、暴力に支配された変容ではなく、子どもがしだいに暴力を必要としなくなる変容ができていくかがポイントとなる。子どもが暴力をふるっているあいだ、家族は体力的・精神的・経済的に消耗していく。実際に外傷や骨折、昼夜逆転の生活につき合わされて体力的に疲弊し、暴力をふるう子どもに対してのさまざまな思い以外にも、他の家族間トラブルや罵声を浴びること、近隣の目に対する精神的ストレスが重積していき、高価な食品や娯楽用品、破壊された生活必需品の買い換えや補修の支出、欠勤を余儀なくされる負担などかなりのものがのしかかってくる。

これと同時並行して家族や周囲の環境の変化によって、家庭をいわゆるプラス側への変容に導いて行かねばならない。たとえば父親が前面に出ることにより、暴力が消失する場合がある。育児に無関心であった父親が子どもと対話する、対決することにより家庭が変容するのである。「暴力は嗜癖する」という言葉を聞いたことがあるが、暴力が際限なく増幅されないための強い壁として、父親は体格的にも母親よりも適任であるだけでない。今までなかったコミュニケーションのルートが確保され、特に男子には重要な男性モデル[11]の出現による効果が大きいと考えられる。

しかし、これはたやすいことではなく、すでに家庭が膠着状態に陥っている場合が多いため、「こうしなさい」と言って、それができる家庭はかなりの潜在力を持っていると考えられる。特に家庭基盤の弱い児童相談所のケースでも、このような場合は少ないと考えられる。このため長期間の精神科的・心理的治療やさまざまなサポートを要する場合が多くなっている。しかし、あまりにも暴力によるマイナス影響が大きい場合、児童相談所では一時保護所を利用して子どもを保護し、短期間の家族分離で、各々の休息や冷静な視点による認知構造の変化、内省の促しをはかることもある。またそれ以上に問題が大きい場合（もちろん家族やその子どもの同意が前提であるが）、子どもに児童福祉施設へ入所してもらうことにより、家族分離という形の家庭変容を行うこともある。[6]

九、ある事例

ある離婚母子家庭で中学生の男子が不登校、そして暴力を出し始めた事例[3]では、在宅のまま母親のカウンセリング、子どもの心理療法を試みた。小さい頃から家庭的要因で彼にずっと自立を要求していた気丈夫な母親が、その接し方を変えて彼を幼児のように扱うようになると、彼も退行の状態を起こし半年ほどで暴力もなくなった。しかし、再登校の試みを機に暴力が再発し、以前よりもエスカレートしてきた。これは家庭の潜在力および問題の根深さによるものと考えられる。母親が働いて生計を立てており、父親を含めた二人分の役割を担っている。そのうえ、彼の家事などの援助によりなんとかやってこれた状態が、暴力が出現したことで彼の援助はなくなり、母親の負担はより過重なものとなっていた。在宅の援助を行っているあいだも、一部精神的負担の軽減にはなっていたが、母親の実質的な負担は軽減されていなかった。また、彼に別れた父親のイメージをだぶらせており、かなり深い葛藤を内包していた。「時間をかけてゆっくりと」その葛藤を解決するゆとりがなく、家庭が破綻をきたす状態に陥ってしまった。結局、家族分離という形で彼は児童福祉施設に入所、中卒後一人暮らしをしながら就労、数年後に家庭に戻っていった。

この事例では、在宅のままでの変容を試みいったんは小康状態をみたが、家庭という器の存続自体が困難になるほどの危機的状態になり、結果的に家族分離という形の家庭変容により、思春期の荒波を乗り越えていったと思われる。

一〇、おわりに

今回は、心理臨床場面における子どもたちの精神的力動については深く掘り下げず、もっぱら「家庭という器の中の子どもと家族の相互作用」という視点から、「家庭内暴力」を考察してみた。心理臨床的な考察は他書にゆだねたい。

子どもと家族の相互作用がきつすぎる場合、もともと器が弱体化している場合、器が壊れる前に家族を長期的に切り離す手段をとることがあるのが児童相談所の特徴である。家庭として機能しうるかどうかぎりぎりの事例が多いだけに、児童相談所ではこのような処遇は稀ではない。ただ、切り離して双方の自然治癒力や子どもの成長・発達にまかせるだけでは十分でなく、分離後のケアをしっかりしていくことも大切である。このあたりがまだ児童相談所の課題である。

文献

（1）稲村博『家庭内暴力』新曜社、東京、一九八〇。
（2）岩井寛「家庭内暴力と家族病理」『季刊 精神療法』六、一九八〇。
（3）神戸市児童相談所『そんなに急がせないで—登校拒否を理解するために—』神戸市社会福祉協議会、一九八九。
（4）厚生省児童家庭局企画課『児童相談所運営指針』一九九〇。
（5）大島剛「児童相談所のカウンセラー②」三木善彦、黒木賢一編『カウンセラーの仕事』朱鷺書房、大阪、一九九五。
(6) 大島剛「教護院に措置された登校拒否児のケース—農村部の欠損家庭から出た登校拒否児の場合—」厚生省児童家庭局監修『児童相談事例集』一四七—一五九、一九八七。
(7) 清水將之『家庭内暴力』朱鷺書房、大阪、一九七九。
(8) 清水將之「家庭内暴力（親虐待症候群）」清水將之、北村陽英編『青年期精神衛生事例集』星和書店、東京、一九八五。
(9) 総理府青少年対策本部『家庭内暴力に関する調査研究（青少年問題研究調査報告書）』一九八〇。
(10) 田中信市『家庭内暴力—嵐をのりこえるために—』サイエンス社、東京、一九九六。
(11) 高頭忠明「家庭内暴力とその背景」『精神科MOOK、NO・14』、二六—三二、金原出版、東京、一九八六。
(12) 氏原寛、東山弘子、岡田康伸編『現代青年心理学—男の立場と女の状況—』培風館、東京、一九九〇。
(13) 吉野啓子「家庭内暴力」清水將之編『改訂増補　青年期の精神科臨床』金剛出版、東京、一九八九。

座談会　子どもたちのいま

佐藤修策
（聞き手）羽下大信

羽下　先生は、最初の臨床現場が教護院、それから児童相談所（いずれも当時）、大学に移られて障害児臨床・教育のセクション、さらに、新設された教育大学ではスクール・サイコロジーと呼べる生徒指導講座での教員養成・現職教員の再教育と歩まれ、現在は戦後初といっていいラディカルな再編へと向かう教員養成のシステム全体を見渡す位置におられます。

　先生のそうしたキャリアを、子どもたちを軸に考えると、彼らにかかわるハード面の制度でも、ソフト面での人と役割においても、それぞれに異なる目的・子ども観をもつ、いわば入れ物も中身も相当に違う場にかかわってこられたことになります。

　これをもう一方のかかわる側から見ると、矯正・福祉のワーカー、心理臨床家、障害児臨床心理の研究者、学校臨床を目指す教員養成の教授スタッフ、それに変革著しい教育行政の最前線と、そのどれをとっても、子どもたちを取り巻く「現場」といえると思います。そうした場所に現在もいつづけておられる先生に、いま、見え、感じられておられる子どもたちのことを伺いたいと思っています。

佐藤　きょうは、なんだかえらい、ハクをつけられたなー。

不登校

羽下　僕が初めて先生にお目にかかったころは、たしか、不登校の臨床経験をまとめられたころでした。現在も、彼らにかかわる臨床の場を持っておられるとか。

佐藤「登校拒否の子と歩む親の会」という会で、自由参加のフリートーク。子どもたちも参加する会で、社町のお寺を借りて、この六年ぐらいやっている。

羽下　不登校の子どもたちとのつき合いは、だいぶ長いですよね。

佐藤　そうね。児童相談所で事例研究を出したのが、一九六〇年。そのころ診断が決まらなくて、家のなかで暴れたりするところから、児童精神医学では小児分裂病とか小児うつ病という診断が飛び交った。この事例は登校拒否の初めての事例として評価してもらったり、ということがあった。

羽下　それ以来、教育や医療や心理臨床の現場で、不登校のテーマが浮上してくる波が数回あったように思うんですが、そのどれも経験してこられた先生から見て、いまの不登校のテーマと、いままでとで一番違うのはどんなところでしょうか。

佐藤　基本的な見方が変わったんじゃないかな。これまでは、家族病理とか個人病理による理解とアプローチが中心だったでしょう。母子関係の異常とか、アメリカでの力動的な理解が取り入れられていた。七〇年代後半ぐらいから、登校拒否はもはや疾患ではない、といわれるようになり、いまは学校病理に関心が集中している。

羽下　学校制度の問題になってきた。

フリースクール、オールタナティヴ・スクール

佐藤　こうなると、なんでもかんでも不登校にくっつく。本当は、個人・家族のテーマと教育制度での問題と教育に関する時代の意識の変化の、どのファクターをも、連動させながら考えることが必要になってきた、ということだと思う。

このことと絡むいまひとつの点は、不登校でのむずかしい場合は、学校という場を離れて対応するという考え方が強くなってきた。フリースクール、オールタナティヴ・スクールのようなかたちを取りながらね。

羽下　そうした学校外教育の動きは、先生にはどんなふうにみえますか？

佐藤　いいことだと思う。なんとしても学校教育のなかに引き戻すという一本調子のやりかたでは、いまや解決はむずかしい。

羽下　「学校復帰」という言葉には、現場の教師の悲願が滲み出ているような響きさえありますが、それはあきらめろ、と。

佐藤　元気な子は自分の得意なもので学校時代の自分を過ごしている。不登校の子たちは「不登校」という得意科目で自分を鍛え、大きくなっていっている。

羽下　あれは得意科目だったんですか！　なるほど。これはスクニルペコだ。

佐藤　それ、なに？

羽下　あ、あの、コペルニクスを転換させまして……。すこし入れ替えますと、「スクールにペコッ」です。

佐藤　その人は、頭を下げつつ、同時に「さよなら」もしてるんじゃないの。

羽下　学校の門の外のほうまでお見えのようで、脱帽！

さて、その門の外の話なんですが、不登校の子たちにとっては、フリースクールの存在は「もうひとつの場所」としてとても重要ですが、フリースクールは本来、不登校スクールではないし、そうなってしまわない多様性を目指していて、そのスタンスがいいんじゃないでしょうか。

佐藤　そのときそのときの子どもの状況に応じて、選択肢が多様にあり、「行かねばならない」義務ではなく、「行く自由」が選べるからね。

学校に行く理由

羽下　迂回路をたくさん創る、ということですね。かつては、四〇人の学級編制で、同一カリキュラムで、一斉授業で……というのがそれなりに機能してた時代がありました。それがおかしくなってきたと端目にもはっきり見えはじめて、もうだいぶ時間がたっています。

こうした慢性的な機能不全（あるいは制度疲労）と、いじめや不登校、それに校門指導・服装チェック・校外巡回のような「生徒指導」の登場・定着はなにか密接に結びついている気もします。

こうした変容は、学校制度を運営する側の変化によるんでしょうか、それとも、上の三点セットは、かつては機能してるように見えていただけなんでしょうか。

佐藤　これは推論になるけれど、学校に対する見方、父兄と学校との関係もずいぶんと変わってきた、つまり三者それぞれにとっての関係の意味づけが違ってきた。僕自身も、学校は這ってでも行くところという時代の子だった。つい半世紀前は、学校は日常の生活とは違う特別のところだった。特別なことを手に入れる、特別な人と場所だったんだと思う。いまはそれが全部消えた。その象徴が校庭に立つ二宮金次郎で、子どもの鑑は、「雨に頭は濡らしても教科書は濡らさない」子だった。

羽下　そういえば、そんな記憶がたしかに……。

佐藤　教師は聖職かどうかという議論がもちあがったことがあって、いま思えば、それはその「特別なこと」が完全に消えてしまう直前だったことになるんじゃないかな。あのころから急激に、学校は家庭の外の「普通の場所」に、限りなく近づいた。

羽下　完全に、じゃないですよね。

佐藤　そう思いたくないという、三者それぞれの理由があるかぎり、ね。そこでは、教師はほとんど「ただの人」になった。だから、いまの子どもたちが学校に行く理由は、日常的・個別的なものになっている。これはわれわれのものとは、まったく違うよね。学校という場所は同じでも、かれらは僕やあなたのころとはまったく違うことをしていると考えたほうがいいんじゃないだろうか。かつてはこの「特別なこと」を守る「正しい」子どもの自然さ・おだやかな高揚感と、一方ではそれをケガし破る「悪童」の快感が同じほどにあった。現在の校則は学校の内と外とを厳密に区分することだけしか目的にできなくなっている。

羽下　ことの表面だけを見れば、子どもたちに徹底した従順さのみを要求する恐怖政治のようですが、少し立ち止まってみると、先生たちはこの厳密な区分を必死で守ろうとしているようです。ときには、これが守れなかったら人間おしまいだ、といった悲壮感さえ漂う。あれはどうなることを惧れているんでしょうか。あるいは、なにを守ろうとしているんでしょうか。

佐藤 地域の守りはかつてほどではないし、家庭の機能も破れかけてるのも見えるだろうし、世間は刺激にあふれているし……。「自分たちがやらなきゃ」って、つい、思ってしまうんだよね。でも、あれもこれもと、やり過ぎてる。家庭と学校との関係も変化してきているんだし。

羽下 識字教育の必要もはるか遠くに去り、実務・実業教育の時代も過ぎ去って、そのあとに登場した人間教育のかけ声も、個人の意欲と恣意にまかされたまま、そのためのプログラムも時間も訓練もなく、棚ざらしのまま干からびています。

そして、社会の変動を敏感に反映する子どもたちの、視野に占める学校の大きさもその意味あいも変わってきた。

佐藤 それらは学校が子どもを、会社が従業員を、国が個人を引っ張る力 social bond が弱まっている、つまり privatalization という社会変動によるという人がいて、そういうふうにも見える。ただ、そうなっていくものを作り出す力学が、その土台にあるんだろうけど。

間（かん）・人間的なテーマ

羽下 かつてはそれなりに強力だった帰属意識が弛み、学校と子ども・家庭・地域との関係も水平化・日常化し、子ども同士のあいだは個別的なものになって、そこに「いじめる・いじめられる」や、「そこに行く・行かない」という、間（かん）・人間的な、より成熟した段階のテーマが登場するということですね。すると、これには、原則は正しいけれど一種類のやり方だけでは無理がある。より洗練された対応や教育、個別化と日常化が必要な段階へと進んだ、ということになりますか。

佐藤　そう。ずっと以前には、そうした教科の勉強の外の、間（かん）・人間的なテーマは、教師と子どもと地域社会の互いに重なり合う強い帰属意識を共通の土台にして、教師の側の個人的努力と熱意と見識が機能する場合、きわめてうまく機能し、そこにいわばヒューマニスティックな教育が存在しえた。

それが、気づいてみると、帰属意識の土台も、それ以外の「特別なもの」も全部あやしくなり、全国銘柄を目指す勉強か、あるいは運動系クラブでの、ときにグロテスクな関係を別にすれば、あとは大人と子どもの奇妙な日常が続く。そこに起きる不登校もいじめも非行も、まったくどうしていいかわからない。

そのことを臨床家からみると、学校が子どもたちに「心の絆」の手をさしのべられなくなったと見える。

羽下　すると、かつて機能していたけれど目には見えなかった土台、帰属意識や絆のうえに、教科の授業などがのっかっていた、と。

進学という夢、学校という課題

佐藤　高度成長のころまでは、高校進学にはたしかに夢や希望があった。それを時代の追い風にして、公教育は記憶中心・一斉授業という、安価・効率的な方法で子どもたちにキャリア（学歴）を提供し、子どもたちは（むしろその背後にいる親たちが）その手の届く夢に満足するという、両者にとってのメリットがあった。そこでは、学校全体のシステムそれ自身がもつ矛盾・欠点は覆い隠されたまま、子どもたちは学をつけることで身を立て、そんな子を育てた先生は名を上げた。そうなるべく励む、そんな時代があった。

そして、その努力と熱意の成果は、平成八年には進学率を九六・八％に押し上げた。しかし、こうなると高校進学の意味が夢や希望から義務に変じてしまう。誰もがこなさねばならないメニューになってしまうからね。その子の意欲や能力や向き・不向きに関係なく、ね。一方、教師もカリキュラムもこの現実に逆らうように、より高度な教育へとむかう。

一時は社会の要請に答えていたものの、社会の変容・成熟が、学校というシステムと教師を、時代のなかに置き去りにしてしまった。社会のほうが変わってしまっているのに、学校は変わらない。もはや古色蒼然といっていい。

「先生」の現在

羽下　そんな子どもたち、そんな家庭が、学校の先生の側にはどんなふうに映っているかに関心があるんです。で、先生たちはと見ると、あっちからこっちからシャワーのように批判を浴びながら、いつも忙しくたち働き、よくやってるな、頑張ってるなと思うんです。ただ、一生懸命なわりには、子どもたちの非行・いじめ・不登校・虐待、その家族的・社会的な背景、また、それらを誘発するシステムとしての学校場面に対して、かかわろうとするそのせっかくの努力が、あまり有効には絡んでないようなんです。

中学などでは「生徒になめられたらおしまい」といった、表面は居丈高だけれど奇妙なビビリかたがあって、大人の威力でかろうじて押え込み、きわどく平衡を保っている。また、その子に「問題」があると、「結局、家庭が問題だ」という、安直・無効な結論をだしたのはいいけれど、自分たちでその結論にガックリきたり、自分たちは間違ってないと、再び、自己暗示に逃げこんだり。

こうなってしまうのが、さきほどいわれた絆がなくなった結果だとしても、こんなかたちでそこに投入され、ときに浪費されてもいる彼らの熱心さ・エネルギーを有効なものにするための条件は、なんでしょうか。

佐藤　やはり、教師集団はいつのまにか指導要領におんぶに抱っこになってしまったからね。良い意味での生徒指導も含めて、自分たちで教育のプログラムを組み、動かすことをやめてしまった。もういちど、いまの時代に合った彼ら自身のものを生みだせるようになればいいんだけどね。

羽下　もしそれが自由にできるとすると、教育行為に現れる違いはどんなところに現れるというふうに思われますか。

佐藤　教師と子どものつながり、共生の感覚といったものが強まるんじゃないかな。よくよく見れば、そうした試みの小さな手がかりはあちこちにあって、たとえば、ある付属中学でやっている、カリキュラムをゆっくり取り、教科外のものをさまざまに工夫して入れた「生き生きのびのび教育」というやりかたは、ダウン症の子どもをもつお母さんには大歓迎される。

その一方で、このプログラムは高校進学には役立たないという保護者の側の功利・損得をクリアしがたい。それでも、これはこれで、その先は両者が歩み寄る土台を造ることだというところまで、やっと来たというところかな。むろん、そこに至るまでにすでにたくさんの教師が討ち死にし、死屍累々なんだけど。

羽下　やっぱり、基礎学力という言葉の前には先生も親もひれ伏し、ほとんど骨抜きになってしまっていた。

佐藤　でももう、ここまできたら、学校の行きかたを変えないといかんね。

羽下　少し話の方向を変えまして、先生もずっと臨床家だし、僕もふくめそうした仕事をしている人間から不登校やいじめを見ていると、教師がその子たちを見る目と臨床家がそれを見る目と、相当違うなと思うのです。

不遜かもしれませんが、われわれの側からいうと、先生たちというのはその子たちひとりひとりの様子が全然目にはいらないふうなんです。それは、なんの違いなんでしょうか。

佐藤　中学・高校期の多様さからくるむずかしさかな。あなたの話を聞きながら思いだしたのは、かつて、思春期の子ども全員を学校に繋ぎとめるのが、はたしていいことなのかって、新制中学ができたころ話し合ったことがあって、個人の発達の差が開いて、子どもによっては心身の遅れが目立ち始め、精神障害の発現をかかえた子も少なくない。その彼らを全員学校につなぎ止める意味が、はたしてあるのか、と。

しかし、一九五〇、六〇年代は、学校を出たら仕事につき、金を稼ぐ、中学はそのための職業前教育、という時代の意識に助けられてた。そのころ、中卒は金の卵だった。

羽下　六〇年代、高校進学率が五〇%を越えようとするころ、中学の先生は、生徒の就職の世話でてんてこ舞いだった。初級労働力として貴重だったんですよね。そして、正月に帰郷すると、その先生のところに行く。心細さ・寂しさ半分、一方で、大人に混じって自分がどれほど一人前にやってるかを見せたい気持ち半分。先生は彼らのその後の転職の世話もしていた。これを時代のひとつの定型と考えると、授業の位置、両者の結びつき、子どもの家族に対してもつ教師の役割意識と、両者の結びつきは多元的だったんですよね。

一方、いまは両者をつなぐものは、ひとつしかない。勉強することだけ。そこでの自己目的化した学校のルールは、かつてのような相互的なやりとり機能を失い、今度は子どもたちを多面的に隔離することにしか貢献しない。また、奇妙なことに、彼ら同士も先輩後輩のルールで縛り合いつつ、それを窮屈と感じている。先生も生徒も、はずれること、ズレること、汚いことを排除しようと躍起です。それが崩れることにひどく敏感で、それをはずすヤツにはイライラッとなる。このあぶなさに気づいている先生もいるようですが。

佐藤　たしかに中学時代の過ごしかたの意識がひとつのものにキレイに刈り込まれ、たぶん必要であろう夾雑物がなくなってしまった。そのなかに教育のエッセンスが、つまり成長・発達にぜひとも必要な人と人とのかかわりの場があり、かつては絆があった場所なのかもしれないのに、一見、無駄に見えるから、次々と捨てられ、気がつくと、ほとんどなにもなくなってしまっている。

羽下　先生たちのほうもそれに慣れてしまったんでしょうか。

佐藤　学習のレベルが決まってしまってるし、その上に受験が乗っかってるし。無理を承知で、そのラインに乗せるしか互いの道はない、というのも一種のリアリティではあるけれど……。一方で、子どもの成長・発達からみて、学校教育がひきうけるものがおそろしく肥大化している。それが、学校に行かなければ一人前になれないという錯覚を生み、社会通念として固定化して久しい。

羽下　子どもたちも、先生もですよね？

佐藤　そう。それは第一に、子どもたちにとって不幸なことになる。ほかの生きかたが全部奪われ、選択の余地がない。そこに行くしかないんだから。

羽下　中学出たら、ワシは金儲けする、というようなことが許されない。

佐藤　高校に行くのが当然、そして大学進学希望者が五〇%を越えるというのが、この時代の社会の意識だから、そのなかでは、中学校期というのは、じつは、ほとんど機能してないんじゃないかな。

　彼らはサークル活動で挫折感を味わうことも多い。それが不登校のきっかけになる。

羽下　エッ。どういうことですか?

佐藤　先生たちが、非行防止のために、早朝、土・日、休暇中、サークルと勉強でシゴキまくる。

羽下　ハハーァ。あれは非行防止という意図があったんですか。彼らの時間を占領して、精力も抜く、血抜き療法なんですね。

佐藤　クラブに行かないと、みんなにいろいろいわれ、仲間はずれにされる。抜けられない。挫折する。こうなると行き場がない。教室もクラブも、放課後も土・日も、全部占拠されてるから。

あるスクールカウンセラー

羽下　ほんとだ、居場所がない。もう、残されているのは、学校に行かないという選択肢だけですね。……話を伺いながら、カウンセラーであり同時に教師である、ある先生のことを考えていました。彼のいうには、かつて教科だけを教えていた自分と、トレーニングののちカウンセラーとして数年過ごしたいまの自分では、課外活動・授業・いうところの生徒指導の見えかたが全然違うらしい。彼はいま、学校と家庭をつなぐための訪問カウンセリングをしています。訪問すると、制服の彼らと私服でいる彼らの違いにハッと驚き、同時に彼ら個人の顔が見えることを喜んでもいます。

　一方、自分のこの変化は、教科と課外活動以外のカウンセラーという複眼的な視線をもったからなのか、それとも視線の位置が低くなった結果なのか、彼は戸惑っています。それに、教師とカウンセラーの股裂き状態に悲鳴を上げることもあって……。

佐藤　僕もそうだけど、教師は個性の尊重をいいながら、案外、集団で動くことを望んでいるし、そのほうが安心する。ほんとうは、手抜きで、ラクをしてるわけだけど。

羽下　「服装の乱れは心の乱れ」っていうのを、僕は冗談だろうと思ってましたけど、考えてみれば、教室に入るたびにそれぞれに服装の違う四〇人もいる生徒が、それぞれの顔で一斉にこっちにむかって来たら、先生の方がたじろいでしまうでしょうね。四〇人もの人間を同時に相手できるのは人間業じゃありませんからね。あの標語は先生自身を護る防波堤だったのだ、どうりで、あの真剣さはそのせいだったのかと気づきました。でも、その必死で守る防波堤が突破される瞬間は、もうそこまで来ている。

佐藤　集団に適応させるために、その範囲で子どもの要求を満たす。教師は、そんな学校集団主義が好きですよ。

羽下　みんな苦しいのに一生懸命来ているのに、不登校の子はサボッている、ケシカラン、というのは、そこから自然に出てくるんですね。学校に来ないのは教師である自分へのひそかな反抗だ、という空想も、いたく刺激される。

佐藤　不登校の子どもたちには、学校という集団の拘束力を取ってしまうことがポイントになると思う。それが彼らの思考と行動の自由度を上げるからね。

羽下　学校に行く自分じゃない自分、学校に行かない自分が、そこにある。

佐藤　それを見つけて、みながそれを認めていくというようなことができるようになるといいんだけど。教科の学習だけを軸にした一元的な関係しかなく、すべては登校から始まる（逆に、登校しなければなにも始まらない）という呪縛を、先生からも子どもたちからも取り去るための、さまざまな手だてがいる。それには、さっき言った「夾雑物」をもう一度見直すことから始めるのがいい。

羽下　そうした夾雑物を再び引き込む方向ですと、一方で学校に行かない子たちをも認めて、援助でき、他方で勉強する子たちもほめる。そして、暴走する陰惨ないじめを「ふつう」のいじめに軟着陸させてしまえる、そんな先生を養成する、ということになりますか。

教育システムの整備と疲労

佐藤　むずかしいとこだけど。耐用年数を過ぎたシステムは、現在に有効なものに入れ替えつつ、解体していかねばならない。ほっておくと、とうに無効になった型にしがみつくのがわれわれだからね。この場合、急に無効になるというわけじゃないところが、あきらめ切れないところで……。

羽下　僕も外語大（当時）というやや特殊な単科大学に籍を置いて、将来、教職をめざしている人たちにつき合うわけですが、彼らは教師になって数年すると、かつてもっていた興味や関心の輝きを失ってしまう。体だけは必死でなんとか動かすんですが……。残念なんです。これも人間の側の疲労というより、制度自体の疲労、つまり耐用年数がきているせいでしょうか。

佐藤　そうでしょうね。しかも全体として整備されすぎてしまっていて、部分的な手直しのしようがない、ということもあるかな。

羽下　子どもたちのことを考えると、お互いマズイ、ということですよね。ところで、そのマズイところになんとか割ってはいる新しい役割、先ほどの「夾雑物」のひとつになるかもしれないスクールカウンセラーのことですが、先生のご意見は、現職教師を再教育して、教師とカウンセラーという二重性を生きる人たちを現場に送りだし、より専門のセラピストは学校外の教育相談機関に配置する方がいい、と伺っていますが……。

学校カウンセラーではなく、スクール・サイコロジスト

佐藤　学校はジェネラルなことを求めるから。なんでもこなせることをね。そこでは外から来る学校カウンセラーでは機能しにくいんじゃないかな。学校の先生がもっている価値観と、臨床家のもっている価値観は相容れない面があって、教師の側には「教育」がわからんやつは手を出すなっていう発想がある。

羽下　そのときの「教育」って言葉は、領分を侵したものに対する恫喝のようでもありますね。

佐藤　そうそう。

羽下　先生が考えておられる学校カウンセラーの場合、どういうふうにすると一番機能することになるんでしょうか。

佐藤　学校の先生のなかでカウンセラーの能力をもった人を育てるのが、一番いいんじゃないかな。

羽下　学校のマネージメントとカウンセリング的アプローチの能力が同じぐらい発揮できる人を考えておられる。

佐藤　でないと、学校では認知されない。

羽下　そこでは、まず一人前の教師であることが条件で、カウンセラーとしての能力はその上に積みあげられるものということですね。……ウーン、これはなかなかキビシイですね。両者は、個人のなかでは別の能力ですし。

佐藤　でもそれが、認められるための条件。その価値を共有したうえで、クラス運営、学校運営の教育的な働きかけに適切なアドヴァイスが求められる。そこがスクール・カウンセラーの勝負どころになる。単に、外からカウンセラーが入っても、それだけでは手も足も出ないでしょう。学校のなかにそこへと繋ぐ人がいて、そのうえで、心理臨床の専門家は、教育事務所とかにおいて、巡回相談をする。

いろんな層の、何種類かの、重なりながら相互に違うカウンセラーを作らないといけないんじゃないかな。そのなかでも、教師の基礎経験を積んだという共通項をもつ人となら、教師の側はガードを下げるので、子どものことで共同作業をしやすくなる。つまり教師の役割を意識的に多面化するためにトレーニングをし、そとにいるさまざまな専門家へと開かれたものにする。

羽下　すると、それは、やはりカウンセラーというより、サイコロジストといったほうがいいんじゃないでしょうか。スクール・サイコロジストとはアドミニストレイター、つまり、それぞれの位置にいる人の状況を理解し、必要な説明をそれぞれにし、適切なタイミングで適切な依頼・提案ができ、そうする理由も、その効果と欠点の補い方も説明できる人、といった役割になりますよね。そうした仕事のひとつが、より専門的な、外の心理臨床家にリファーする、となる。これは心理療法のスペシャリストのトレーニングとは違うトレーニングと熟練が必要なようですね。

心理臨床モデル、教育モデル

佐藤　かつての福祉の仕事のときと、いまの教育の場とでは、ものの見方がずいぶん違うと感じるね。

羽下　実感的にはどんなところでですか？

佐藤　福祉は、病気―修理モデルだし、教育は発達促進モデルとでもいうか。非行も、不登校も、なんでも発達のヴァイタリティになるという、最近一般化してきた考えは、そもそも教育の側からでたものなんですよ。

羽下　じっくりつきあっておられると、学校教育のなかには、予想外にいろんなものが含まれている、ということでしょうか。

ところで、われわれ臨床をやっている人間から見ると、学校の先生たちが「教育」というときのイメージがいまひとつよくわからないんですよね。彼らは何を思い浮かべながら、「教育」っていっているんでしょう。

佐藤　子どもを教育課程に乗っけていく、つくりあげていく、という感じだと思う。われわれのような、子どもが自分を作っていく、それを援助するのが臨床家、というような観点はないんじゃないかな。教育は引っ張っていくモデルだし、心理臨床のモデルは後押しでしょ。だから生徒指導というと、まずどのようにするかという計画ありき、なんです。

羽下　潜在的な能力を型のなかにどんどん入れ込んで育てていく。

佐藤　臨床の人は、子ども自身が自分の行く先を自分でつかんでいくことを期待している。教師はというと、目標にどう近づけるかを追っている。

羽下　教育には、する側のされる側に対する期待像があって、より意図的、計画的、目的的な働きかけになる。すると普通の先生たちが普通にもっている感覚のなかでの教育の目標は、カリキュラムやその中身なしには実現しない、と。

佐藤　そこからこぼれてもこぼれても、そのラインのなかに入れ込む。

羽下　すごい熱意ですよね。でも、もう、それもほつれている。教科以外の教育目標はズタズタ。あらかじめ与えられているカリキュラムにがんじがらめ。教科に限っても、高校だと最高到達地点だけを示すあのカリキュラムにまともにつきあえる子たちは、センター入試受験人口を目安にすると、全体の一〇%ぐらいでしょうか。つまり、ほとんどの子は理解できない。そんな無残な結果を、毎年繰り返している。

　子どもたちにとっても、山は高すぎて、とても登れない。でも高卒の資格がいる。これがないと、一人前に見てくれない。どうすればいいか。毎日学校に行き、三年間じっと座る。教師にバカにされ、自尊心をズタズタにされても、決してタテつかない。つっつかれたときには、少しだけやるフリをする。従わず、逆らわず。そして、学校は休まない。こんな光景って、異様ですよね。

佐藤　承知でそれをさせる側も、それに従う側もね。あの感受性が一番鋭くなり、じゃんじゃん取り入れ、どんどん吐き出し、猛烈な早さでつっぱしり、輝いているときなのにね。

羽下　おたがい、慣れてしまうんでしょうか。

佐藤　でしょうね。ぼくらもセンター試験に慣れてしまった。

羽下　ほんとだ（笑）。そんななかでの不登校とか非行とかいじめは、このこぼれる側にも、一〇%の側にもある。

佐藤　僕らは非行でいくのも不登校でいくのもその子の人生だ、という割り切りがあるでしょ。そのうえでかかわり、つき合おうとし、その子が自分を選びつつ進むことを援助し、そんな彼らに伴走しようとする。一方、教師はなんとかして彼らをメインストリームに戻そうとする。そこが違う。

羽下　この違いは埋まらないですか。

佐藤　たぶんね。で、埋まらないなら、個人のなかに同居させればいい、ひとりの教師のなかに。また、そうできる先生を育てればいい。

羽下　なるほど、それで先ほどの先生のモデルになるんですね。

ここで少し話題が変わりますが、家庭のなかの子どもと学校のなかの子どもというふうに考えたときの、それぞれが子どもに対してすることは何か、できることは何か、というのがごちゃごちゃになってる感じがしてましして、そのあたりをいくつかお伺いしたいと思います。

学校は家庭、学校は病院、学校は保育所

佐藤　身内に中学の女教師がいて、夜の一一時に生徒の母親から電話があって、娘が家からいなくなってもどらない、というので探しに行く。僕はそんな必要はないといったんだけど、親のほうは面倒見るのが当たり前と思ってるから、それをしないと関係が壊れる、と彼女から反論された。

羽下　ウーン、それは家庭の問題のはずなんですが……。これはいっても無駄ですよね、たぶん。

佐藤　教師はいまや、かつて家庭の問題であったものまで、こなさざるをえなくなってる。

羽下　これじゃ、先生のほうがボロボロになっちゃいますよ。……親の側も、いつのまにか学校にそんな一方的な期待をしてしまう。

佐藤　学校教育が子どもをそれほど取り込んできたしね。

羽下　あ、取り込んでるのか、いっぱい。

佐藤　三時からは、もう家庭教育だ、土・日は休みだ、という話になるならいいけど、日曜日まで子どもを呼びだして、取り込んでるでしょ。

羽下　一方で取り込んでいて、もう一方で教師と生徒とのかかわりは、帰属意識が変わってしまってるから、子どものほうは自分たちの時間を占拠されてはいるけど、心理的には、そんなに帰属してない。先生たちは抱え込んでるつもりになってる。先生のこの錯覚が破れるのが、生徒の持ち物がなくなったときですよね。生徒を追いつめても、まず出てこない。先生のほうが自分の無力感に耐えられず、怒りだす。人間のなかの悪人性はコントロールできない、という共通項から始めると、糸口が見つかるかもしれないんですが。

佐藤　いまや、病院や家庭がもってた教育機能を、学校が取ってしまってるからね。

羽下　家庭がそれを放棄している、あるいは学校に押しつけてる。で、先生たちは、学校にいるときは私たちがやりますが、それは家庭のほうでどうぞ、っていえなくなってる。先ほどのカウンセラー先生の話ですと、地域の人から電話があって、中学生が毎夜集まってる、どうかしてほしいといってきた。彼らは、ただタムロしているだけなんです（笑）。でも、先生たちはいろいろ相談し、夜、交代で巡回しようかという話になった。

僕が、それだと先生がたが地域の夜警をかってでていませんかといったら、彼も笑いだした。結局、地域のことは地域でどうぞ、ってことになったようです。

佐藤　そんなふうに言って批判されるのが怖い。だから、要請どおり、つい、やってしまう。やはり地域社会の機能を取りすぎてる。

羽下　一応パトロールを決めたものの、教師同士にもどこか違和感が残っていたようで、それが少しだけ強かった彼が、僕とのあいだで話題にした。教師間に共有されていたその違和感が、次の展開を引きだしたことになります。

佐藤　地域の話でいえば、小・中学校はとくに地域密着型の教育だから、その地域のなかに教師自身が住んでいれば、生活圏が同じになり、子どもたちの様子がすぐにわかる。けれど、いまや先生は学区のはるか遠くから通うのが普通だから、それがほとんどわからない。その不安が、必要以上に医療や家庭や社会の機能を取り込むことになってしまうのかもしれない。

羽下　子どもたちを取り巻く地域や家族という背景が見えくなってしまうわけですね。

佐藤　その背景がないために、たとえば進学指導で、教師はほとんど神のように全権をふるうことになる。データはデータ、「絶対」はない、どこを受けるかはご自由にどうぞ、ってのはなかったでしょう。「一五の春を泣かせない」ために、安全パイをつかませつづけるしかなかった。

羽下　それをやるほど、中学の存在は希薄になる。その悪循環。

佐藤　中卒者や中学浪人を受け入れる社会がないので、先生のしんどさがあることは確かなんだけど。

それと時代の変化によって、浮きあがってきたものに、給食がある。これも時代の要請・役割はとっくのむかしに終わり、いまや教員の負担だけが残っている。

羽下　教師の側がいってきた、「給食も大事な教育です」という自分を納得させていた苦しい論理も、それから、旧・学校給食会に雇われてる人の雇用継続も残ってしまいました。

邪魔しない、引きだす

佐藤　この時代、この子どもたちに合わないものは取り去る。これだけでも随分と違うはずだよね。教育の第一歩は「邪魔しない」だから。

羽下　それは心理臨床でも同じですよね、それぞれを支える子ども観は違っても。

それにしても、こうなると大人を邪魔してるものを取り払うのが先のようですね。そうしないと、「いま」を生きている子どものところまで辿りつけない。

佐藤　教育の第二歩は、「引きだす」だろうから、これにはそのための新しいシステムがいる。教師にとってのそれは、先ほどの、スクール・サイコロジスト、野外活動や教育機器の実技のできる専門家でもある教師の登場かな。

羽下　病院の看護の仕事も、ベッドサイド・ケアとかいってるうちに、いつのまにかあれもこれもになってしまっていた。それを全面的に見なおし、教育しなおして、病院のなかでの仕事と、訪問による看護を分け、かつ、それぞれを分担、メニュー化する方向にあると聞いています。教師の仕事も、それにならってメニュー化と、外注を考えたほうがいいのではないでしょうか。

たとえば、こうです。一斉授業・同一カリキュラム・四〇人学級。このどれも、学校も父兄もそれぞれの理由で手放せないでしょうから、授業は塾に外注し、午前のみ。その子の少人数、達成度別カリキュラムと、教師よりはるかに上手な教え方による、工夫した授業。

午後には学校にやって来て、野外活動、課外活動、コンピューターなどをする。学校はそのためのステーションになり、教師はそれらの専門家として全面的に教育しなおす。足りない手は親たちのボランティアでまかなう。

スクール・サイコロジストは環境教育キャンプや父兄のボランティア活動の際のキィ・パースンになり、同時に家庭と塾と学校をつなぐ人。つまり、行動するコオディネーター。一対一の面接もできるが、それはかなり特別のメニューとする。

ついでに、競技スポーツ中心の現在の体育は廃止し、地域主導のスポーツ・クラブを作って、これも外注する。試合はクラブ・チーム同士で行い、学校単位の甲子園大会なんてものはなくなる。

この荒唐無稽のプランに先生のご意見・ご感想をお寄せください。

佐藤　文部省・学校制度審議会特命全権委員長を命じます。

羽下　ありがとうございます。不惜身命をもって励みます（笑）。

佐藤　しかし、この案だと、確かに教師の役割もだいぶ削られるかな。彼らを養成するには、実習がいるから大学四年ののち教員を経験し、より専門的な教育を受けに大学（大学院）に入りなおす。教員の経験をもう一度、鋳《い》なおす。看護学のドクター・コースも、一度現場の経験をもつことが条件になっているらしい。これは魅力があるな。

羽下　これですと、教師になろうとする側も、自分の意欲を自分で確かめ、その経験を次の再教育のときに生かす土台ができる。

佐藤　ついでにいえば、教員の定年は五〇歳がいいね。六〇歳に近いと、孫教育になってしまうじゃない。

羽下　それで、年かさの先生はマゴマゴするんですかね（笑）。話を戻しまして、おっしゃるように、それらは教育制度上の問題でもありますよね。

佐藤　いまの学校は保育所みたいになってるから ね。父兄も、子どもが休みにゴロゴロ家にいると 邪魔でしようがないっていう。

羽下　そうか、親にとっては学校は保育所でもあるんですね。長い休みが明けて、子どもが学校に行きはじめると、親はヤレヤレ、とホッとする。

佐藤　この保育所機能も手放さなくちゃ。だいたい、こんなに毎日毎日、学校に来るのは過剰適応ですよ。そして元いた場所、地域に返す。

羽下　「子どもは時の子、地域の子、そしてたまには学校へ」ということになりますか。ただ、彼らが帰るべき地域のもつ「抱える能力」は、いっときほとんど失なわれ、いまは断片をつなぎ合わせることが始まった、という段階です。

佐藤　始めてみてから考えればいいんじゃない。先ほどの「親の会」をやっていて思うんだけど、普通の人でりっぱな人がたくさんいるというのが実感だね。いきなりはうまくいかないとしても、それも経過のうち、経験のうち。それでもこぼれるところがあるはずだから、その時点で、そこを「抱える」方法を工夫すればいい。もちろん、スクール・サイコロジストやわれわれ臨床家がだよ。

この場合、「ただの人」になった教師は、「授業しかできない」のじゃなくて、「授業もできる」人に変わる。それが目標。

羽下　それによって、子どもたちだけでなく、大人たちのほうも、この状況から救いだされることになりますね。

佐藤　そうだね。

子どもと学校は今
――犯罪非行臨床の経験を踏まえて

下田　僚

一、はじめに

一二年間身を置いていた法務省を去ってすでに八年が経過し、本稿の執筆依頼を受けて自らのバックグラウンドが「司法」であることにはたと気づかされたような次第なので、そんな昔の経験から何がどの程度語れるのか、実のところ自分でも心もとないのであるが、心理技官として犯罪非行臨床に携わっていた頃のことを思い出しながら筆を進めていくことにしたい。

なお筆者は平成七年七月から文部省のスクールカウンセラー活用調査研究委託事業によるスクールカウンセラーとして新潟市内の市立中学校で活動してきているほか、新潟県独自の学校カウンセリング事業にもかかわっている。

二、内を向く非行少年少女たち

手元にある最近の新聞の切抜き記事。中学二年の女子生徒が同級の女子生徒ら八人から三回にわたって現金二七万円を恐喝されたうえ暴行を受けた、とある。近頃では珍しくない非行型のいじめであろう。

ところで筆者が昭和五一年に法務省に入り、少年鑑別所に勤務して初めて担当したケースは恐喝事件を起こした女子高生であった。彼女の父親は元暴力団員、母親は水商売と、親の保護能力にやや問題のある家庭であった。共犯二名と盛り場でガンをつけてきた同じ女子高生グループから現金を喝上げしたのである。

当時、非行少年少女たちの攻撃性の吐け口、逸脱行動の展開の場は多くの場合盛り場などの街頭であった。それが、いつしかターゲットとして学校の教師が選ばれるようになり、昭和五〇年代の後半には校内暴力事犯の数がピークに達したと記憶している。そして今被害者となっているのは、攻撃しても彼らにとって危険のない身近な顔なじみや同級生などである。かつての伸るか反るかの自己顕示的な喝上げは、弱い相手からの安易な巻き上げへと変わり、加害者たちは被害者が逆らわないのをいいことに執拗で陰湿ないじめで憂さを晴らすという続編までついている。

やはり同じ昭和五一年頃、売春で掴まった女子少年のケースも担当した。貧困な家庭で育ったが男好きのするタイプの彼女は、金回りのよいオジさん相手に売春行為を繰り返していて掴まったのであるが、時々オジさんたちから余分にもらう四万、五万のお小遣いをいつも全部自分で使う訳ではなく、友だちにおごってやったり、金に困っている仲間を助けてやったりと、羽振りのよさ、面倒見のよさで姉御肌を気どって満足感を味わっていたのである。

近頃売春などという言葉は古臭くなってしまった。そして経済的に特に困っているわけでもない女子高生、いや中学生もが今、相変わらず金払いのよいオジさんたちとのポケベルや携帯電話を駆使した援助交際で一〇万単位のお小遣いをもらい、自らのおしゃれやコンサート通い、友だちとのドライブや飲食、カラオケ三昧と生活をエンジョイしている。

このように過去二〇年の間に、外を向いて体を張っていた非行少年少女たちは、今や内を向いて仮想現実を楽しむかのような気軽なゲーム感覚、ノーテンキなお遊び・おふざけ感覚で逸脱行動に走っているかのように見える。

三、いじめについて

非行型のいじめという言葉を出したついでに、いじめについて少し触れてみたい。非行型のいじめというのは、大人なら犯罪になるような法に触れるいじめ行為を未成年である子どもがやることである。相手に暴力をふるう、けがを負わせる、持ち物を壊す、金品を喝取する、性的ないたずらやわいせつ行為を強制的に行うなどさまざまな態様がそれに含まれるのであるが、後で述べる弱い者いじめや違う者いじめが高じて非行型いじめに至るケースが多い。被害者が抵抗しないので面白くてエスカレートしていったと加害者たちは述べる。もちろん被害者に威しをかけて口止めをする場合もあるが、いじめてもリスクの少ない被害者が選ばれていることが分かる。学校以外の場面でも、ホームレスに対する暴行傷害致死事件や最近あったおやじ狩り事件などは、やはり酒に酔っているなどリスクの少ないターゲットが選ばれている。

ところで学校という場は、いじめに限らず子どもたちの非行、つまり反社会的触法行為について一般にとても寛容である。よほどのことがない限り、子どもたちの非行に対して司法的な手続きをとるようなことはない。人格の健全なる育成を目指す生徒指導（教科指導と並んで学校教育の二本柱）という観点から、教育的指導が行われるのである。また学校自体、不祥事が表沙汰になることを嫌うお役所体質をもっていることも影響している。それでも、学校による適切な指導の効果がある時はそれでよい。しかし問題は、指導にもかかわらず例えば悪質ないじめ等が執拗に反復されるような事態が生じ得ることである。極端な場合には、加害者と被害者である子どもたち、双方の保護者、教師（学校）すべてが具体的に何が起こっているのかを知りながらも事態が変化しないというような状況になってしまう。こうした中で、加害者と被害者の保護者同士が感情的に対立し、あるいは学校に不信感を抱いて事態がこじれることもある。まわりの大人たちの連携がうまくとれず、子どもたちが人間としての当為や規範意識を身につけにくい実状が浮かび上がってくる。

加害者たちは、いじめてもリスクの少ない相手を被害者にすると述べたが、これは取りも直さず弱い者いじめである。もうひとつのタイプは、違う者いじめ。自分たちとは違う特徴をもつ相手に対するいじめで、例えば身体的な特徴や障害をもった子、集団になじめない子、生意気な子、動作の鈍い子、成績の良い子、特技をもった子など、およそまわりから異質だと認識されたあらゆる子どもたちがいじめのターゲットになり得る。転入生に対するごあいさつと称する暴行や、帰国子女を対象とした外国はがしなどもこのタイプのいじめに含まれる。

大人の社会でも弱い者いじめや違う者いじめは、もっと巧妙かつ陰湿な形で存在しているわけであるが、子どもの場合は大人と違って一線を越えて非行型いじめに移行しやすいところが特徴といえよう。今の子どもたちのいじめの現状に接すると、確かにいじめに対する歯止めと耐性がいかにも弱いという実感を強くする。規範意識の貧しさに加えて、傷つきやすいわりには子どもたち同士の共感能力が乏しい。だから状況が変わると、いとも簡単にいじめる側である加害者といじめられる側の被害者の立場が相互に変換することもよく見受けられる。相手の痛みに思い至って自制するよりは、まわりに合わせていじめに加わったり、自分が体験したのと同じ痛みを相手に情け容赦なく思い知らせてやる方が先なのである。

四、仕切れる人がいない……

学級という場におけるいじめの構造についてはすでに指摘されているとおり、いじめを面白がって見ている観衆といじめを見て見ぬふりをする傍観者によるいじめ是認やいじめ黙認の体系が決定的ないじめ強化の作用をもっており、仮に仲裁者が出現したとしても、そのいじめ抑止効果は容易に呑み込まれ、打ち消されてしまう。いじめる側の加害者が、いじめなければ逆にいじめられるという心理的な閉塞状態に置かれていることもある。

学級内のいじめについて語ってくれたある男子中学生の言葉が印象的であった。彼いわく、クラスの中に仕切れる人がいないというのである。つまり学級内の生徒たちの大方の信任を受けて対人関係を調整したり、いざこざを処理できるリーダーが出現しないし、しにくいのである。面白くて人気のある子はいても、人間関係の大切な局面でリーダーシップをとれる子はいない。

また、いじめの仲裁に入ったことがきっかけで、仲裁者がいじめの標的になってしまう場合もある。したがってクラスの自浄作用にはなかなか期待できないというのが実状である。教師もいじめなのかふざけているのか見分けがつけられないようなケースもあり、事態はますます複雑かつ深刻となる。

五、いじめられても打ち明けられない……

確かにいじめは外から見えにくいことがある。その理由のひとつは、被害者がまわりに打ち明けないからである。なぜなのか。先生や親に話せばいいじゃないか、友だちに相談に乗ってもらえばいいじゃないかと大人は考える。しかし彼ら被害者はなかなかそうしない。

教師や親、つまり大人に相談しないのは、ひと言でいえば大人を信頼していないからである。もし大人に打ち明けて、それがいじめの加害者に知れたら（チクッたことがバレたら）もっといじめがひどくなることを体験的に、あるいは直観的に分かっている。教師にもどうにもできなかった例は、子どもたちの方が身にしみてよく知っている。またすでに述べたように、被害者と加害者の親同士が感情的に対立して泥沼化するだけで、事態が改善されないこともある。教師や親にうちあけても、説教されたり、しかられたり、励まされたりするだけで心情を受け止めてもらえず、「分かってもらえなかった」という経験をもつ子どもも多い。おまえが悪い、おまえが弱いからだ、もっとしっかりしなさい、そのくらい我慢しろ、やられたらやり返せ、卒業までもう少しだからがんばれ、といった類の反応しか返ってこなかったのである。年齢が長じて高校生くらいになると、面倒なことになるのはいやだからとか、つまらないことで心配かけたくないと、もはやまわりの大人からの援助をつゆ期待することもなく、ひとり耐え忍ぼうとする者もいる。

それではなぜ友だちに打ち明けないのか。学級という場のいじめの構造についてはすでに述べた。もうひとつの単純明快な理由は、打ち明けられる友だちがいないからである。筆者がスクールカウンセラーとしてかかわっているある中学校で最近ＰＴＡが生徒に生活アンケートを実施した。その中の「悩みごとを話せる友だちはいますか？」という設問に対して、一二％から一七％（学年によって差がある）の生徒が、「いない」と答えている。現実には、もし友だちがいたとしても、いじめられていることを話したら話した相手に迷惑をかけてしまうという子もいるし、大事な友だちにはそういう話はしないという子もいる。子どもたちは、そんな重くて暗い話をしないのが友だちへの思いやりだと考えているらしい。親しいといっても、うわべだけただ明るくて楽しい、実は寂寞とした関係なのである。年齢が長じてくると自分のプライドや友だちに対しての体面も出てきて、つまらないいじめにあっているとはカッコ悪くて言えないといった感じ方をするようになる子もいる。

悲しくも哀れにも感じられるのは、たとえいじめにあっていても被害者である子どもが自分のクラスやクラブあるいはインフォーマルな仲間グループなどといった集団に所属せざるを得ないと、時には当然のことのように思っている場合も見受けられることである。自殺遺書の署名の脇に「○年○組○番」などと書いてあるのを見たりすると、ますますその感を強くする。「一匹狼」や「離れ猿」になればよいと指摘する専門家もいる。しかし現実には、なかなか子どもたちの個は個として持ちこたえられないし、個を個として受け容れてくれる別の個も見つけにくい。したがって子どもたちは孤立するのが不安で、あるいは孤独に耐え切れず群れをなすが、群れの中でお互いを認めあったり情緒的に触れあうことがない。とにかくただ群れて不安を解消しようとするだけの関係なのである。たとえいじめられても、まだ相手にしてもらえるあいだは群れの内に自分がいられるという安心感が被害者にはあるようにさえも思われることがある。行き着くところ、群れの中で流れに逆らわずにソツなく、出る釘にならないように振舞い、運悪く自分がいじめの標的になってしまった時には極力何ごともないように装いながら、じっと苦しい時が過ぎ去るのを息をこらえて待っている子どもたちの姿が浮かんでくる。

六、子どもたちからの警鐘と教師の苦悩

それでも取りあえず耐える子どもがいる一方で、こんな状況ではとてもやっていけないと学校や社会に対して身をもって警鐘を鳴らす子どももいる。不登校という現象もそのひとつ

であろう。先に述べたテレクラやその他の非行に走る子どもたちも、表向きのアッケラカンとした明るさや割り切りとは裏腹に、人間関係の中で本当に受け容れられることのないわびしさ、あるいは生活の中で本当の居場所のない寂しさを内に秘めているように思える。このような現象や行動には、現代の子どもたちの育てられ方、その背景にある親の態度や社会の価値観、学校という場の抱える問題が集約的複合的に反映されていると考えるのが合理的であろう。今の子どもたちには規範意識が乏しい、共感能力がない、不満耐性が低い、発達課題が先送りされてしまっていると大人がいうのは簡単である。しかし、そのことについて子どもたちに一義的な責任はない。そのように育てられていることが問題なのである。そしてそのような育て方をしていること、それが問題であることについて、われわれ大人は結果的にきわめて鈍感であり、一方で子どもは敏感に察知・反応して今日も警鐘を鳴らしつづける。

こうした事態を抱える学校現場で、教師たちも意識的無意識的に苦悩している。昔に比べると保護者の教育水準、社会・経済的地位、それに伴う権利意識が高まったこともあって、教師像は大きく変貌した。さらに少子化に伴って保護者たちは子どもの高付加価値化をねらい、子どもの人権に対する意識も高まりを見せ、またボーダレス社会といわれる状況の中で、教師だから生徒だから、大人だから子どもだからという境界や区別は曖昧化し、子どもへのかかわりの基準・拠りどころが混乱してしまい、教師は自信を失いかけている。そんな中で、過去の価値観を神経症的に固守しようとする教師、病気や退職という形で現場を離れる教師、苦悩し模索しながら新しい方向性を見出そうとする教師、割り切って深入りを避ける教師など、生き方はさまざまである。

七、変わりはじめた学校

そして今ようやく学校が少しずつ変わる兆を見せはじめている。わが国ではこれまで、優れた官が劣っている民を指導するという発想が実態として根強かった。これは学校教育においても、また非行少年少女の矯正教育においても然りで、ある意味においては国親（parens patriae）的な観点から丸抱えで子どもたちを教え導こうとする体制を創りだし、その基準となる価値は絶対的なものであった。つまり官はつねに正しく、間違いはなかったのである。

ものごとのひとつの収め方として、民の側の御上意識もそれを助長していた。日本の学校教育にも矯正教育にも共通して「生活指導」という特有の概念がある。この、西欧人にとってみれば曖昧模糊とした広汎な概念は、わが国の官主導型丸抱え教育を象徴しているといえる。

こうした背景があって、これまでの学校は多少なりとも肯定的にいえば自己完結的、逆にいえば閉鎖的な制度・組織であった。つまり、良くも悪くも学校の中だけでものごとを執り行い、問題に対応し、決着をつけようとしてきた。そのことが、すでに述べたような子どもたちの問題行動に対する奇妙な寛容さ（暴力や体罰などの教師の問題行動についても同じ）や、校内の問題についての対外的な不透明性をも生みだしてきた。

今学校が変わりはじめたのは、この自己完結性が内外からの力で崩れだしたからである。特に子どもたちが一生懸命に、時には自らの命をかけて警鐘を鳴らしつづけたことによって、学校は学校だけの力でいじめや不登校をはじめとする児童・生徒の現代型病理現象に対応できないことを少しずつ認めるようになった。これまでの方法論は暗礁に乗り上げてしまった。文部行政もそれを認めるようになり、ひとつの方策としてスクールカウンセラーを学校に送り込んでみることを決断した。

学校が自力ではどうにもならないことを認めはじめると、これまで学校に子どもをおまかせだったり、義務や責任をそっちのけで権利や自由ばかりを主張したり、学校に対する不信感や批判的態度の表明に終始していた保護者たちも真剣に学校・教師たちとの連携について模索しようという姿勢に少しずつ変わってきた。つまり子どもたちが身を挺して問題提起しつづけてくれたことによって、ようやく学校教育の民主的運営に向けての歩みが始まりつつあるともいえる。

八、スクールカウンセラーの役割

子どもを中心として、学校・教師は子どもや親とのかかわりの新しい視座を強く希求し、すべてではないにしても心ある保護者たちは家庭や地域社会の教育機能を果たす親としてどうあるべきかを探ろうとしている。

このような状況に身を置いてみて、筆者に見えてきたスクールカウンセラーの業務の本質は、そのエクスパティーズを駆使した「中継ぎ的役割」である。子ども同士をつなぐ。子どもと親、子どもと教師をつなぐ。親と教師、親同士、教師同士をつなぐ。子どもや親や教師を社会資源（医療、司法、福祉など）とつなぐ……。例えばグループ・エンカウンターで子どもが自分とつながり、クラスメートとつながる。不登校の子をもつ親の会の企画・実施によって親同士をつなぐことで、その会は自助機能を発揮しはじめる。また、その会の中で親と学校・教師をつなぐことで、両者の連携が強化されていく。あるいは、ひとりの生徒、ひとつのケースを巡って生活指導係と教育相談係の教師たちや養護教諭をつなぐことにより、トータルな生徒指導への援助、学校の教育機能促進への支援を行うなどである。ここで大切なことは、事態打開のポテンシャリティはすでに子ども自身、保護者自身、教師自身の中にあり、スクールカウンセラーの中継ぎがそれらの相互作用、相乗作用を触発するということであって、スクールカウンセラーが何か特別なことを執り行うということではない。

九、おわりに

思いつくままに筆を走らせた結果、とりとめのない展開になってしまった。残念ながら筆者の司法における経験をうまく踏まえ切れなかった観があるが、なんらかの意味でそれが筆者の基盤になっていることの片鱗をうかがっていただけたとしたら幸いである。

コンサルテーションとしての教育相談

菅野泰蔵

私と不登校学級との出会い

東京のいくつかの区には、区内にひとつかふたつ情緒障害学級と呼ばれる特設の学級がある。情緒障害と言っても、実際は不登校の生徒のための学級である。私がひょんなことからH中学校内にある情緒障害学級「H学級」の顧問となってから十数年になる。

そもそもの発端は、私の当時の勤務校の心理学科の女子学生二人が、どういうルートかは知らないがこの学級と関わりを持っていて、そこで毎年行なう移動教室に講師として参加してくれないかということだった。よく聞いてみると、その学級には登校拒否を語ることで著名な顧問の先生がいるらしいのだが、まったく学級の方には来てくれないらしい。大学の方が夏休み期間中でもあったので、まあ、行ってみるかと軽い気持ちで引き受けたのである。久しぶりに日光に行くのも悪くないし。

行ってみると、まあ、うじゃうじゃいるのだ。元気のいい奴、悪い奴、人見知りが激しかったり、眉毛のないツッパリ風だったり、緘黙だったり、すぐ泣きだしたり、まったく問題がなさそうだったり、とにかくこの学級には来られても本校には行けない生徒が十数人。

学級の担任は三人。男性教師二名（ベテランと若手）、女性一名（ベテラン）。移動教室の場合のスタッフは、担任プラス保健婦さんと「セラピスト」の学生二名、そして一番偉そうな「講師」の私（当時三〇ちょい過ぎの若僧）となる。

保健婦さんとか学生が女性なので、私としてはおもに四人の男子生徒を相手するのが仕事かなという感じになる。それに中学生くらいの女の子はもうひとつ苦手であるのだ。

その中でも、ツッパリ二人は、どうも担任先生方がうまくコミュニケートできないでいるらしい。しかし、不良な大人にしてみれば、こういう連中を手なづけるのは簡単である。ツッパリの好きそうな話題とか音楽の話とかしていると、連中はいつも私にまとわりついてくるし、私もこいつらを思いきり楽しませてやろうかと、夜遅くまでトランプにつき合ってやったりする。翌朝、「昨夜は菅野先生の声が一番大きかったですね」と言われて少し恥ずかしかったが、どうも先生方には驚異のことのように映ったらしい。

「何であんなにすぐ打ち解けられるんですか？　あの生徒たちのあんな表情見たことありませんでした」

「いやあ、何でと言われても……」

答えに窮するが、先生方の付き合い方を見ているとやっぱりいかにも先生らしくて、その辺がこういう学級では弱点になるだろうなと思う。とりあえず立場を取っ払って接することは、私たちにとっては簡単なこと、当り前のことなのだが、先生にはなかなかそれが掴めないのだ。

ともかく、疲れたけれど面白かったなあと移動教室を終えてしばらくしてから、学級のO先生から突然電話がきた。私に顧問になってほしいというのだ。いやあ、私みたいな若輩ではいろいろとまずいですよとか固辞するのだが、担任の先生全員一致の結論だという。そういうふうにおだてられると、元来お調子者であるから、こちらの気持ちもむくむくと動く。まあ、今までの顧問の先生はお偉いさんかもしれないけど、何もしないっていうんだから、それよりはましかな。それに、現場の先生は本当にどうしていいのかわからなくてすごく困っているし、少しでもお役に立つんならやってみようかと引き受けたのである。

ただし、私ではやっぱり役不足だとか、あんまり役に立たないと思ったら遠慮なく首を切ってくださいと念を押しておく。本当に遠慮は無用ですからね。そのときには、ほかにいい人がいっぱいいますから、私が紹介しますので。これは今でも毎年確認していることである。

当初、私としては、何にもしない前任者よりは貢献する自信はあったのだが、それ以上の水準での仕事ができるのかが問題だった。こういう年齢層のクライエントをメインにはしていないのでやはり不安だったのである。また、学校というところもよくわからない。だいたいが自分は学校というところが嫌いだった。しかし、日光の移動教室でいろいろと経験してみて、大変そうだが、面白くて、なかなかやりがいもありそうだと思ったのだった。

「顧問」の仕事

そんなわけで、なんと翌年から私のような青二才が「顧問」になってしまう。しかし、「顧問」というとたいそう偉そうに聞こえるが、実態はまったくそうでない。報酬は、一回の出向につき二万円、それが義務としては年四回である。しかしながら、実際にこの仕事を少しでも納得いくように遂行しようと思うと、年四回ではどうにもならないのは明らかだった。そこで、今までどこで仕事をする場合もそうだったように、ここでも「献身」が要求されることになる。

つまり、都合がつき次第、学級に出かけ、生徒たちの様子を観察し、先生たちの報告を聞き、保護者たちと話をする。校長や教頭と雑談しつつ、友好なムードが消えないように気を払う、適当な家庭教師を勧め、それを世話する、家庭教師も含め、生徒対策としてお兄さんお姉さん的な意味を持つ学生を調達する、などなど。

重要と思われる仕事は大きく分けて三つである。

1. 学級に通う生徒の状況、近況を把握して、担任にアドバイスを与える。
2. 保護者会に何回か出席して、保護者の話を聞きコメントしたり、アドバイスしたりする。
3. 年に一、二回ある、小中学校合同の情緒学級担当者の研修会に研修講師として出席する。

どれをとっても、プレッシャーのかからないものはなく、私はずいぶん鍛えられた。特に、先生方に何事かアドバイスするときには、ごくごく簡単に、明快に言わなければならない。「それは、こういうふうにも言えますし、こういうふうなやり方もありますね」なんて言っているようでは駄目なのである。「それはこうですから、こうしてください」と言わなければならない。それまでの私はそんなふうには言ったことがなかったのだが、先生方とつき合うとすぐわかることである。あいまいな物言いやこちらの用語で伝えていても、先生にはよくわかりにくかったり、不安になるだけなのである。頻繁に会うことのできるクライエントとの付き合いとは違い、これはコンサルテーションなのである。その点、そうした仕事の多い学生相談での経験が大きかったと思う。

「教育相談」への懐疑

最初の頃に印象深いことがあった。あるとき、女性のベテランであるT先生が非常におろおろとした態度で私に相談してきた。内容はこういうことである。

「ある生徒のことで、教育センターのカウンセラーの先生に相談したんですが、『それは先生の逆転移が問題ですね』とか何とか言われまして、私、勉強不足なんでしょうか？　何を言われているんだかわからないし、もうどうしていいんだかわからないんです」

なんということだろう。こんなことを言う心理屋がいるのかと愕然とし、怒りを覚えたものである。「先生、そのカウンセラーは多分モグリみたいな人ですから気にしないでくださ い。先生が生徒を可愛いと思うのは当然じゃないですか。今までどおりでかまわないです よ。僕から見ると、先生の生徒たちの信頼度は抜群なんですから、自信をもってやってくださ い」

私としては、こんなことを伝えたように記憶している。べつにゴマをすっているのではなくて、このT先生は生徒たちからもっとも慕われている先生であったし、私もこの先生の理解の良さに助けられている部分があった。カウンセラーにはなれないが、先生には先生の接し方があるのであり、それを保証するのが私たちのようなものの仕事ではないかと思う。とにかくも、「逆転移」だとかの専門用語を素人相手に使うこと自体が専門家として失格なのである。どこかの退職校長がやっているのかもしれないが、こういう人は早く抹殺していただきたい。

この例に限らず、学校の先生たちが同地域の教育相談室につねに不信感を向ける可能性のあることを、教育相談の方々はどのように考えているのだろうか？　もはや、私は先生の側からものを考えることが多く、先生たちはその立場なりによくやっていることがわかる。もちろん、考え方の相違があることは当然なのだが、かなり教育相談と学校の現場とでは齟齬をきたしているようにも思えるのである。

心理カウンセラーの役割

学校の内側に入って、先生たちとつき合っていくと、教育相談に関わる心理のカウンセラーはどのようにあればいいのかが少しずつわかってくる気がする。

それまでの私も、多分あの教育相談員と同じように、「学校の先生はしょうがねえなあ」という意識をもっていたように思う。昔もっていたある非行の男子中学生のケースでは、その学校ぐるみで彼を追放しようとしていたものだったが、今思い返してみると、その学校の先生たちは、どんなやり方をしても批判されてしまう自分たちをしっかりと保証してくれる後ろだてがなかったのではないかと思う。何かあったときに責任を被ってくれる専門家がいれば、そう極端な結論に達することはないのではないか。そういう彼らの不安が、異質なものを排除するしかない方向へと導いていたようにも思える。

H学級の先生たちも本当に自信がない。そういう「特別」な生徒たちにどう接していいのか、いつも迷いに迷っている。私にだってどうしていいのかはよくはわからない。しかし、それを聴く私がいうことと言えば、ほとんどは「あ、それでいいですよ」「それは、もう、そうやるしかなかったですね」「この子は本当に難しいですから、なるようにしかなりません」という具合いである。

ときには「この子にはこうしてください」「この子にはこうして構いません」と思い切ったことも言うが、必ず「それで何か問題が起こったとしても先生の責任ではありません。そのように指導した私の責任ですから、安心してください」と付け加える。そして、私にわかる限りで、そういう子の特徴とかメンタリティについて、先生たちに届く言葉で解説するのである。

しかし、こうしたことばかりでは「専門性」を発揮しているとは言えないかもしれないし、学校全体に対するアピールとして弱い。一部の先生と私との関係が安定しているだけではうまくないことも起こり得るのである。

そこで、ときとして、ここ一番では、生徒の見通しについて明言しなければならない。「この子は、必ずこうなります」たとえば、「今は学級に来れないでいますが、話をうかがうと、このあいだのときとは違いますね。今度はきちんと登校するようになりますよ」もちろん、私たちの経験からはかなり見えることがあり、相当の自信がないと言えないのだが、結構しびれるものがある。しかし、こういうことをもって、後に「先生の言うとおりでした」ということがなければ決して一段上の信用を得ることはできない。

というのも、校長や教頭あるいはほかの教師や関係者に報告されるのはこういう明快な出来事なのであり、あいまいな出来事は伝わらないという事情もあるわけである。彼らからすればの「プロの技」をどこかでしっかりと見せつけることは必要である。そのために、こちらもいつも緊張感を持続していなければならない。もはや若手とは言えない私がこういうことができなくなったときは、潔く辞めるときである。

資源を持つこと

私のおもな仕事は教師や保護者へのコンサルテーションと心得ているが、生徒たちとも一緒に遊んだりとか話をしたりすることも当然のようにある。これは、年齢とともにきつくなる。アニメや漫画の主人公当てゲームとか、卓球やバスケットにつき合うことはまだまだできるが、それでも以前に比べたら相当きつくなっている。

その予感は最初からあったので、私としては使える学生をつねに物色することに努めていた。幸い、勤務校には心理学科があるので、彼らの中から適性のある者に協力をお願いしているが、この人選こそが学級に対する私の最大の貢献であることは間違いない。

中学生くらいの年代にとって、大学生のお兄さんお姉さんとは、親しみやすく、頼もしく、そして安心できる、本当に重要な存在である。

小学校時代の先生さえも声を聞いたことがなく、いつ頃から緘黙しているのかも知らない、場面緘黙の男子生徒がいた。私は、家庭教師をつけることを提案し、ある学生に依頼した。家庭教師の場でも彼はいっこうに発語しなかったらしいが、およそ半年後に声を聞くことができたという。推測できるところでは、家庭の外では、小学校入学以来の最初の経験ではないかと思われる。

こうしたことは、私たちや先生にはとうてい真似のできないことなのではないか。H学級にはいくつかの見学とか遠足とかの行事があり、そうしたものに後込みする生徒も、「学生の何々さんも来るのよ」なんてことを吹き込むと態度が変わったりするのだそうだ。そういえば、「地区担」の保健婦さんの訪問ケアの威力とかに私たちが全然かなわないように、中学生くらいの生徒には、専門家が「心理学的に」つき合うことより何より、若い学生の力は絶大である。

そうすると、こうした実働部隊を掌握しているという資源性は私たちの大きな武器となるだろうし、また、こうした資源を持たないでいれば、コンサルテーションとしての教育相談を発展させる力を持ち得ないようにも思うのである。このことは、将来専門家を目指す学生にとっても貴重な経験であるが、私が「顧問」を続けられている大部分は彼らのおかげというほかはない。

学校を癒す——スクールカウンセラーのために

以上のような考えは、学生相談からの私の発想でもある。学生相談を定義するのに「学生へのサービス」という言い方がよくされてきた。しかし、これはまったく社会性のない定義であり、私は採用しない。大学のカウンセラーが貢献すべきは大学全体に対してであって、学生だけに対するものではない。大学にとって明確な利益がなければならない。そう考えないところでは、必ず相談室は孤立する。考えていても孤立はするのが現状ではあるが、それはそのための方略を私たちがもっていないからである。

中高等学校でのスクールカウンセラーの役割もこれと同様である。「問題のある」生徒とのカウンセリングは、大変に重要であるが、実は仕事全体からみれば一部のことに過ぎない。重要な仕事は、学校全体に寄与することができるかどうかということである。具体的には、教師にとって有用な存在となれるかどうかということである。生徒のことで喧嘩をするのもいいが、くれぐれもナルシシズムの罠にはまらないように注意しておきたい。

また、よく勘違いされていることだが、このような仕事は、学校の先生に「専門家」の視点を植え付けることでも、教育することでもない。先生をカウンセラー化することなどとんでもないことだと言っておこう。先生には先生の関わり方があるのであり、現場をよく知れば、私たちには（少なくとも私には）とてもできないことに先生たちは取り組んでいるのである。私たちは高見にいるのではなく、あくまで横から下から支える協力者なのである。たとえば、私が講師となる小中合同の研修会では、私は必ずその場を仕切る人を先生方のどなたかにお願いしている。それは、その研修があたかも私という「専門家」の時間にならないような工夫なのである。

あるいは必要以上の助言や関わりをもたないということも大切である。主役はいつも先生なのであり、彼らが私たちにできるだけ依存しないで動けることが望ましいのだ。目的は私たちが活躍することなのではない。そして、これがコンサルテーションというものだと思う。

文部省の決定により、スクールカウンセラーがモデル校に配備されることになった。喜ばしいこととも言えるが、下手をすると私たちの首を締めかねない実験である。なぜなら、たとえば不登校の問題をなんとかすることなど、私たちの小さな力では不可能なことは明らかだからだ。私たち「専門家」が学校に乗り込んだとしても、不登校の生徒が有意に減少することなどとうてい考えられない。つまり、眼に見える効果は期待できないことがわかっている、その火中の栗を拾いに行くのであるから、仕事の狙いを別のところに定めなければならないであろう。それは一にも二にも、カウンセラーが学校の先生たちの信頼を得ることである。決して問題は解決しないが、「カウンセラーの先生がいることで私たちは非常に助かっている」というような思いを得られるかどうかなのだ。

私の場合にしても、私が「顧問」をやったからといって、H学級が眼に見えて大きな成果が上がっているのではまったくない。しかし、困っている先生たちのいくばくかの支えにはなり得ていると思うし、資源の提供者にもなっている。そして、つたなくはあるが、やっぱり「専門家」は違うと納得してもらうことにも配慮している。

立場上からも明らかなことだが、私の力が不登校の生徒に何かを及ぼすのではない。学校においては、先生たちがどのように教育指導し、生徒と接していけるか、彼らの関係こそが問題なのだ。私はそれをある程度距離をおいて眺め、先生たちができるだけ自然に伸び伸びと生徒と接することを、あるいは保護者へのコンサルテーションを、学生という資源も含めて援助する。あるいは、校長や教頭とのたわいのない雑談の中にも、学級の先生たちがいかによくやっているかを伝え、学校側の理解のおかげで自分がいかに仕事がやりやすいかという感謝を伝える。

学校との付き合いということを考えると、こういう「当り前のつきあい」的な活動こそが重要なのである。よくは知らないが、教育相談の現場が、私たちの業界にはびこる密室の中でしか通用しない「専門性」を振り回しているとすれば、その将来は暗いものと言わざるを得ない。学校を癒す、あるいは社会を癒すという、妄想的と言われようとも、そういう思想のないところでは、その社会性もひらかれることなく、コンサルテーションの技術も向上しないであろう。

育てることのいま
——日々の相談をとおして

川畑　隆

K子の事例

人ごとみたいな不登校児

K子は中学二年。登校しなくなって三カ月になろうとする。初対面のときから表情は明るい。ケースワーカーに話をしている両親に口添えする形で、自分の生活の様子などを人ごとみたいにしゃべっている。

心理検査をおこなった。所見は次のとおりである。「本児にとってストレス〇%の場面では自由に動けるが、それ以外の場面はほとんどストレス一〇〇%に思えてしまって動けない。本児にとってストレス満杯の場面も、実はたとえばストレス一〇〜三〇%のごく日常の社会場面であるのだが、そのストレスを引き受けながら行動することが、身についていない」。

この所見を頭に置いて筆者はK子に会った。相変わらず明るいが学校の話になると短く切り上げようとする。筆者が話をそらさずにいるとK子の目に涙が溢れてくる。

――学校、どうする?

K子「行きたいけど、ほかの子の目が気になる」

――ずっと行ってないから、最初はほかの子が珍しがって見るのは当り前かな。でも、二、三日たったら珍しくないから、そんなに見ないのは確実だよね。

K子「うん」

――君には何が必要だと思う?

K子「……勇気かな……」

——（心理検査の所見を伝えて）友だちもみんなそれぞれ弱さを抱えて生きてるんだけど、君の心はそんな状態みたい。いまは強くなるいいチャンスかもしれないね。

K子「（うなずく）」

別室で両親と会った。

——登校拒否だからこう接しなくてはいけないとかいう配慮を除いて、生の気持ちを聞かせていただきたいのですが、お母さん、どうしたいですか？

母「（言葉がみつからず、涙が出てくる）」

父「……親戚や近所の手前もあって、一日も早く学校へ行ってほしいって、おまえ、言ってるじゃないか」

母「ええ、やっぱり行ってほしいと……」

——お父さんはどうですか？

父「ええ、同じです。なんかこう私たちは甘やかしてるような気もするし、K子も甘えてるんじゃないかと思うところがあって」

登校拒否児ではありません

両親から聞いたこれまでの経過は次のとおりである。「『友だちから意地悪された（K子の言であるが、筆者が確認したところでも、日常の学校生活で起こるちょっとした行き違いや、K子の思い込みによる部分が大きいと思われる）』と登校しなくなり、私たちは当初は登校するように急き立てていたが、フトンを頭から被って抵抗するようになったので、教師の助言もあり、いまはそっとしている。生活のリズムは乱れておらず、よく小説を読んでいる……」。

――K子さんは登校拒否児ではありません。登校していないのは事実ですが……。登校拒否児だから登校拒否児への接し方をしなければと、ご両親は思われてきたのではないですか？

母「ええ、どの本にも、休ませて様子をみるのがいいって書いてあって……」

父「担任の先生にも登校刺激はしない方がいいと言われて、なかなか難しいなあと……」

――K子さんは登校拒否児ではありませんから、その配慮はいりません。ご両親もK子さんの状態についてそういうイメージをもたれてきたように、K子さんも自分を「特別な子」

と思っているかもしれません。最初は「意地悪された」わけですから、フトンを頭から被るぐらい行きたくなかったのでしょうが、日がたつにつれてその実感は薄れ、いまごろはなぜ学校に行かずに家にいるのか、自分でもよくわからない状況かもしれません。ご両親のお気持ちとは裏腹に、結果として「ストレスのない家」にいまいるわけですから、ストレス満杯の学校には「そのうち」行ったらいいわけで、何も「明日」から行かなければならない必然はありません。つまり登校しない状態はずっと維持されてきているというわけです。そこでよく考えてみてください。登校したくない気持ちがあるにしても、それだけでしょうか。K子さんは私にも言いましたが、登校したい気持ちもあるんです。そうすると、登校したくない気持ちだけを尊重してあげるのはバランスが悪いのではないでしょうか。登校したい気持ちも尊重・援助してあげないといけない。でも、厳しくすればまたフトンを頭から被って抵抗しますよね。ご両親がそれでもがんばって厳しくすれば、K子さんはさらに抵抗を大きくするでしょう。そうすると、いくらがんばろうと決心されたご両親でも、「やっぱりこういう対応はK子にはまだ早いのかもしれない、こういう方法はK子には間違っているのかもしれない」と思われて手を緩めることになります。K子さんは、事態に直面したときは登校したくない方の気持ちが増幅されているときなので、「これぐらいの抵抗をすれば、お父さんもお母さんもそれ以上厳しくはしない」ことを学んで、次には落ち着きを取り戻します。その様子をみて、ご両親は「やっぱり、そっとしとくのがいいんだな」と思われることになります。おわかりですか？　K子さんの登校したい気持ちを尊重し援助するためには、よっぽど強いご両親の方針と決心と協力が必要だということです。

父「なるほど」

母「そうですか」

登校しています

両親に自分たちだけでやってみるか、児童相談所と一緒にやってみるかを問うと、後者を望んだので、合同家族面接のなかで具体的な対応を一緒に考えていくことになった。

家族は、高校二年の兄を含めて四人。初回の家族面接には兄を除く三名が来所したが、家族診断を目的に面接を進めた。おおむね、次のような仮説が描かれた。「母は何でも父の言うことに従ってきている。父は、母が従うからあたかも統率力があるようにみえるが、父も母の従順さに依存しているだけであり、お互いもたれあっているにすぎない。ある決定をしなければならないときに、お互いに相手に依存していれば決定はなされない。そこで子どもたちが見るに見かねて口を出すことになる。そして、子どもたちの言ったことやしたことを後づける形で両親がそれを認める。でもそれは、子どもにとっては大した根拠もない自分でも信じていない発言や行動だから、何も自分に指針を与えるものにならない。子どもの言うことが変われば、認められたことがいとも簡単に変更されたりもする。それらのことが『相手の尊重』とか『やさしさ』という衣をまとってやりとりされるから、対立も自分の責任を問われることもなく推移するが、子どもたちの心のなかは舵取りのいない船に揺られているようなもので、宙吊りの不安が大きいだろう」。

実は、この初回面接後から、友だちから誘いを受けたことを契機にK子は登校をはじめたのである。その後も継続して登校しつづけたのだが、なぜかはわからない。しかし上記の家族に関する仮説にそえば、次のようなことに思い当る。

「家のなかで私らがやってあげていたことを自分自身でやらせるようにしたら、K子も自分でやるようになりました」という情報を父から初回家族面接で得ていた。そのようにK子に対してとるべき行動の指針を与えてくれた両親が、同じ初回面接でK子を前にして次のように発言した。

——ご家族のことで心配しておられて、ぜひとも解決したいことは何ですか？

父「一日でも早く学校へ行ってほしいことです」

母「同じです」

確かめてはいないが、この単純で素朴な願いが、しばらくのあいだ、両親からK子に伝わっていなかった可能性を思うのである。

育てることのいま　I

不登校処遇のムード

筆者は児童相談所で相談業務についており、当然、担当する不登校児も児童相談所を訪れる（実際には訪れずに保護者だけが訪れる場合もあるが）児童である。そのなかでK子のような事例はそう珍しいタイプではない。だからといってK子をもって不登校一般を語ることにはならないが、いま、専門家と「育てる」主体者である親とのあいだで起こっている気がかりなことについて述べてみたい。

それは、不登校児への接し方についての情報が、ずいぶん画一化されて世の親に流布されていることである。不登校状態をひとつの疾病単位のようにとらえ、接し方・治療法が決まっているかのように、テレビやラジオの相談でも回答されている。相談する母親に援助するよりも、あたかも自分の不登校論を主張するのが目的かのように思われることもあるぐらいである。しかし、不登校事例はさまざまであり、何をどう援助すべきかは事例ごとに異なる。たとえば、人はひとりで生きているわけではなく、まわりの人たちとの関係の中で生きているのだから、不登校という症状が何をきっかけにしたものであれ、その症状や症状を持った子どもはまわりの人に影響を与え、まわりの人から影響を受けている。そのまわりの人がどんな人で、どんな影響を受けていて、どんな影響を与えることのできる人かだけを考えても個々に異なる。また、子育ての途上に遭遇した不登校症状に対する、子どもをこれまで育ててきた親の感情や、「こうしたい」という子育ての一環としての思いが、無視されてよいとは思えない。

しかし、「登校刺激をしないで……」という画一的なムードは大きく力を持っている。もちろん、そのような対応が適する子どもがいることを否定しようとは思わないが、そのことが一般化されている分、大きく影響され、自分たちの認識や感情にもとづいた子育てを不自由にする人たちがいる。登校拒否児ではあっても「登校拒否児ではない」といわなければ、処遇が進まない場合である。筆者はなにも「不登校には登校刺激をして厳しく……」と、一般的ムードと対局にある画一的な主張をしているのではない。ケースバイケースであるという当り前の主張とともに、当事者に対する援助とは何かを問いたいのである。

子どもを育てる親への援助

たとえば、むかしに比べて父性が弱くなったという。しかし、むかし父は強かったのだろうか。父を頂点とした家制度が頑丈だったから、その制度にそっていれば強く居れたという側面があったのではないだろうか。だから個人が強くなくても強いと見てもらえたし、ひとつひとつのことを決定しなくても、それはそうするものだという文化があったから、実は楽だったのではないかと思う。これらはなにも父親に関してだけのことではない。

いまの親にとって、自分たちの方向を規定してくれる家制度のような「枠」はない。自分たちで母のあり方、父のあり方を作らざるを得ないし、複雑になった生活のなかでさまざまなことを自分たちで決めていかなくてはならない。むかしの人は、子どもにテレビゲーム機を買うかどうかなど迷わなくてよかったのだ。明確な基準がない分、いまの自分たちのあり方について不安だから、外から提供される基準に依存しようとする。ところが提供される情報が画一的であったり両極的であったりバラバラであったりすると、結局、言われてやっていることに実感がもてなかったり、提供された基準に追いつくのに躍起になって、追いつけないと不安が暴騰する。また、どうしたらいいかわからず途方に暮れたり、一喜一憂することになってしまう。

子どもを育てる主体者である親が、どうにか自分たちの感性で自分たちの方向を見いだせるように、個々の相談活動を通じて援助することが、子どもたちの行方を少しでも明るくするための中心的な課題ではないだろうか。子どもは育てられながら育つ。その育てる期間の一番長くを受け持つのが親である。親を主体者とするための援助が大切だと思う。

U介の事例

主導権をとりたがる子

小学二年のU介は、なかなかクラスでほかの子と同じように動けない。ひとりだけすねてしまったり、ほかの子は作業をしているのに自分だけジッと座っていて、教師の手をわずらわす。家のなかでも同様である。心理検査では「相手との間で主導権をとって、自分の思うようにしてほしがる」面が強調された。

一歳下の妹と両親との四人暮らし。合同家族面接をおこなった。初回から子ども二人が騒がしい。母の膝の取り合いをし、U介は負けて泣いたりする。子ども二人でホワイトボードに絵を描いているが、ペンを貸してくれないと、U介が妹を追いかけ回し騒然とする。両親とも「コレ、静かに」とは言うが、止める気配はない。両親に子どもが生まれる頃からの話を聞いた。「U介は手のかからないおとなしい赤ちゃんだった。六カ月の頃に妹を身ごもり、U介が一歳四カ月時に出産した。すぐ近所に母の叔母が住んでおり、U介の面倒はその叔母がよくみてくれていた。妹の出産前に父の職場が替わり、それまでよくU介の相手をしていた父は、朝早く出勤し夜遅く帰宅する生活となり、U介や妹の直接の子育てからは遠ざかっていった。母は妹の子育ても楽で子育てに関してはそんなに困っていなかったが、子ども二人がだんだん成長してくるにつれ、兄妹間の争いも含めた騒然さにてこずるようになる。その後、父の配属先が再び替わり勤務は以前より楽になったが、父は子どもにどう対処したものかわからずに母の子育てを責め、母は父が力になってくれないことを嘆く状態が続いている」。

ここから読み取れるのは、楽だと思っていた子育てが急に大変なものになり、ひとりで対処しなければならない状況のなかで奮闘している母の姿である。また、父はU介の子育てには途中までしか、妹に関しては最初から関われていない。そして急にいま、大きくなった子どもの問題に直面しているのである。U介にすれば、主導権をとって「自分ひとりを大事にしてもらっている感じ」を手に入れたいのだろうし、その気持ちを充足させながらU介の行動をコントロールしていくことが両親の課題であった。つまり、これから初めて両親が協力して、手強い年頃になってきた子どもたちをうまく育てていく練習をするのである。

両親で子育ての仕切り直しを

両親は与えられた課題をこなしていった。兄妹をそれぞれ輪番のルールで父や母と一緒に寝させること、夜、一定の時刻に子どもたちを寝させることなど、筆者からの提案に両親はのり、またそれを自ら発展させたものにしたりして、着実に両親のコントロール下に子どもたちが入る部分が増えてきた。同時に母が子どもたちに配慮しながら影響力をもつことについて、少しずつ自信をつけてきた。父はまだ母のやり方に異議はあり、母も父のやり方に不満をもっていたが、それはどこの家庭にもあるようなものに近づきつつあった。

育てることのいま II

因果論と「気持ちを満たす」理論の罠

さて、小学校では本児への対応に心を配り両親指導にも熱心だったが、教師による両親、特に母親に対する見方は厳しいものであった。「子どもへの細かい気遣いに欠け、自分本位だから子どもの気持ちが満たされない」。それを証明するエピソードが多く語られる。そう言われれば確かにそのような面はあるとも言えるが、どの程度からが気遣いの欠ける人で、どの程度までがそうでないのかは、評価する人の主観に依存する。母は学校の教師について、「細かいことを言い過ぎる」と面接の場で評価したが、どちらが正しいというようなことではないだろう。教師は母のその気遣いの欠けるところがU介の満たされなさの原因だとして、せめて学校では手厚く面倒をみてあげようという方針を立てて実行している。そうすると当然、U介は教師に甘え、教師を自分の気に入るように動かそうとし、家では母の気遣いを引き出そうとするような行動をさらに強めるようになる。また、たとえば担任・教育相談担当・養護教諭間で本児への接し方の方針が同じであれば、上記のような傾向は強くなる。もし、それぞれの接し方が異なれば、U介は優しい教師にのみ近づき厳しい教師を避ける一方になっていく。U介の症状を治そうとする教師側の動きが、実は自分にとって都合のいい相手だけに関わり、都合の悪い相手を拒否、回避し、てこずらせる学習をU介にさせているとしたら、教師たちは不本意であるに違いない。しかし、実際にそういうことが起こっていたのである。

母が気遣いの欠けた人から気遣いの溢れた人に変化することはない。だれしもそうである。しかし、先ほども述べたように、気遣いの欠けたという評価はそう評価した人の感情の反映でもあり、また母の気遣いが欠けているにしろ、それは子どもの成長にとってマイナスばかりではないだろう。とすると、まわりが恣意的なイメージにもとづいた変化を親に求めるのが不遜であると同じように、子どもにもその母のもとに生まれたことを「かけがえのない」ことと受け入れさせる配慮や援助は必要である。母は自分なりの母であろうとがんばっているのだ。すくなくとも、他人だからできる優しさで、子どもに対して母の評判を落とすような関わりは避けなければならない。

因果論は人を傷つけ、人を弱める場合がある。「子どもの心を愛情で満たす」治療・指導論も、同様な罠を場合によってはもつように思う。

育てることのいま III

「相手の気持ちをわかる」ことの落とし穴

K子の事例の「不登校処遇のムード」や、U介の事例の「『気持ちを満たす』処遇」に関連して、考えてみたいことがある。

それは「人の気持ちをわかる」ということに関してである。ヒューマン・サービス、ヒューマン・センタード、カウンセリング・マインド――人の気持ちをわかることの大切さを否定するものはいないだろう。筆者も大切なことだと思う。しかし、人の気持ちを大切にする姿勢さえみせておけば、とりあえずいまの社会では安全だという側面があるのではないだろうか。そこで、危険ではあっても「気持ちをわかる」ことの落とし穴を考えてみたいのである。「Bさんの気持ちをAさんがわかる」というときに、「Aさんのわかりたいようにわかる」という側面があるだろう。そして、そのわかり方もAさんにとってより安全なわかり方、つまりそういうふうにわかってあげた方が自分に負担のかからないようなものになりやすい。そうすると「わかったのはBさんの気持ちではなくAさんの気持ち」になる。Bさんにとってそのように思ってもらった方が都合がよいと、そのサインが告げられて、「AさんがBさんの気持ちをわかった」ことが成立する。そんなふうに作られた「共有」世界は、それを脅かすものに対してかなり排他的な力をもちやすい。そしてその世界のなかでは、「気持ちをわかられた」Bさんの自立の機会が損なわれる可能性が高くなる。Aさんに護られてしまうからである。

「おまえはしゃべらない子だな」と級友から自分の子どもが言われたらしいから、そんなことを言わせないように級友をきちんと指導してほしいと、ある母親から教師に電話が入ったという。「おまえはしゃべらない子だな」と言う子と言われる子がいて、そのどこに指導が要るのだろうか。言われた子のとるべき道は、言われないことによって護られることではない。言われてもダメージを受けない強さを身につけるか、言われないようしゃべる子になるかである。言う子に対して「相手の身になって言葉を慎むように」指導するといっても、「思ったことを素直になんでもハキハキ言える子にする」指導との関係を、どう子どもにもわかるように説明できるのだろうか。

社会の枠

子どもが育つためには、なんらかの器・枠・型が、基準として子どもたちの前に提示されている必要があると思う。ところが、「子どもたちの気持ちをわかる」ことによって、それらの形が歪められてきている側面がありはしないだろうか。「世のなかはそういうことになっている」と、現実を引き受けながら乗り越えていく強さを、社会は「壁」となって子どもたちのなかに育てているだろうか。たとえば、かけっこの速さの差が目立たないように、同じぐらいの速さの子たちで走らせる配慮は、何を育てていることになるのか。「子どもたちの気持ちを思う」形をとった、大人側の不安の表れではないだろうか。表面的で作為的な「平等」や「思いやり」の教えによって、表では「人と違う」ことを受け入れることを「知って」いる子どもたちが、実は「わかって」いない分、裏で「人と違う」ことに執着し攻撃している。教えられることの薄っぺらさを一番知ることになるのは、子どもたちかもしれない。

結語

「子どもたちの行方」をさぐるひとつの手段として、子どもたちを「育てることのいま」に光を当ててみた。子どもたちの成長を支え促す「環境」として、親・地域・社会は適切に機能しているだろうか。私たち心理臨床をおこなっている者も当然「環境」の一部なのだが、適切な「環境」を求め作りだしていると思っていても、実はその逆の状況を作りだしている中心にいる場合があるかもしれない。

「育てることのいま」そして「これから」を考え、援助していくときに、自分自身がどういう影響を受けどういう影響を与えているか、専門家としての私はつねに敏感でいたいと思う。

初出一覧（掲載順）

子どもの虐待――その現状と子ども下の心理療法的アプローチについて　西澤　哲
「心理臨床」第八巻二号　一九九五年六月

子どもの虐待防止センターにおける電話相談の役割と課題　龍野陽子
「心理臨床」第九巻三号　一九九六年九月

子どもが学校で暴力をふるうとき――家庭内暴力を考える　大島　剛
「心理臨床」第一一巻一号　一九九八年三月

子どもたちのいま　佐藤修策　羽下大信
「心理臨床」第八巻二号　一九九五年六月

子どもと学校は今――犯罪非行臨床の経験を踏まえて　下田　僚
「心理臨床」第九巻二号　一九九六年六月

コンサルテーションとしての教育相談　菅野泰蔵
「心理臨床」第七巻三号　一九九四年九月

育てることのいま――日々の相談をとおして　川畑　隆
「心理臨床」第八巻二号　一九九五年六月

執筆者（掲載順）

西澤　哲（にしざわ　さとる）
大阪大学人間科学部

龍野　陽子（たつの　ようこ）
社会福祉法人子どもの虐待防止センター

大島　剛（おおしま　つよし）
神戸神和女子大学文学部人間科学科

佐藤　修策（さとう　しゅうさく）
湊川女子短期大学

羽下　大信（はげ　だいしん）
甲南大学文学部

下田　僚（しもだ　りょう）
青山カウンセリング・ルーム

菅野　泰蔵（すがの　たいぞう）
東京カウンセリングセンター

川畑　隆（かわばた　たかし）
京都府宇治児童相談所

こころのライブラリー　3
子どもたちのいま

2001年6月27日　初版第1刷発行

著　者　西澤 哲　龍野陽子　大島 剛　佐藤修策
　　　　羽下大信　下田 僚　菅野泰蔵　川畑 隆
発行者　石　澤　雄　司
発行所　株式会社星　和　書　店
　　　　東京都杉並区上高井戸1-2-5　〒168-0074
　　　　電話　03(3329)0031（営業部）／03(3329)0033（編集部）
　　　　FAX　03(5374)7186

　Printed in Japan　ISBN4-7911-0446-3

過食と女性の心理

M.ホワイト、W.ホワイトJr.著　杵渕他訳／四六判／328頁／2,825円

著者らは、過食･浄化という行動は、社会化のプロセスの中で学習された習癖であると強調する。豊富な臨床体験に基づき、新しい視点から、この過食･浄化という行動の本質に迫る。

拒食しか知らなかった

「何もかも否定してきた」

小林万佐子著／四六判／264頁／1,845円

9歳で神経性食欲不振症と診断され、入退院を繰り返してきた24歳の女性が心の内をありのままに語る。拒食、過食、不安、強迫観念と共に生きた15年間の葛藤、絶望、愛、希望を赤裸々に告白。

心が身体を裏切る時

増え続ける摂食障害と統合的治療アプローチ

K.J.ゼルベ著　藤本、井上、水田監訳／四六判／336頁／2,900円

摂食障害について、他疾患との合併、親子関係、文化、虐待、栄養等、多くの症例とともにわかりやすく解説し、治療･回復のための具体的方法を紹介。摂食障害を知るための最良の書。

生まれかわるまで

摂食障害とアルコール依存症からの回復記

尾崎弥生著／四六判／272頁／1,600円

摂食障害からアルコール依存症、そして回復へと至る道のりを、著者が軽快に描き出す。 現代社会に生きるひとりの女性として、同じ病に苦しむ人々やそのまわりの人々へ、あたたかいメッセージが送られる。

心療内科

クルズス診療科(2)

久保木富房、熊野宏昭、佐々木直編／四六判／360頁／1,900円

心療内科とは?心療内科が扱う病気、最新治療、臨床現場の状況･･など心療内科の全てを一般の読者にも、わかりやすく紹介。基礎から最先端まで体系的に書き下ろされた決定版。